高等院校应用型本科智能制造领域"十三五"规划教材

车联网技术与应用项目实践

主编 张靖 亓相涛 韩光辉 沈寒

华中科技大学出版社

中国·武汉

内 容 提 要

本书取材广泛,内容丰富,是根据人工智能人才培养目标,总结近年来的教学改革与实践经验,参照当前有关技术标准编写而成的。全书内容共分为6章,分别介绍了车联网概述、车联网的结构与技术体系、车联网的关键技术、车联网安全技术、车联网典型应用、基于车联网的城市车辆管理系统设计。

本书可作为信息及人工智能专业基础课程本科教材,也可供工程技术人员参考。

图书在版编目(CIP)数据

车联网技术与应用项目实践/张靖等主编. —武汉:华中科技大学出版社,2020.11(2023.6重印)
ISBN 978-7-5680-6737-9

Ⅰ.①车… Ⅱ.①张… Ⅲ.①汽车-物联网 Ⅳ.①U469-39

中国版本图书馆 CIP 数据核字(2020)第 223024 号

车联网技术与应用项目实践　　　　　　　　　　张靖　亓相涛　韩光辉　沈寒　主编
Chelianwang Jishu yu Yingyong Xiangmu Shijian

策划编辑:余伯仲
责任编辑:邓　薇
封面设计:原色设计
责任监印:周治超
出版发行:华中科技大学出版社(中国·武汉)　　电话:(027)81321913
　　　　　武汉市东湖新技术开发区华工科技园　　邮编:430223
录　　排:武汉三月禾文化传播有限公司
印　　刷:武汉邮科印务有限公司
开　　本:787mm×1092mm　1/16
印　　张:9.75
字　　数:180千字
版　　次:2023年6月第1版第5次印刷
定　　价:39.80元

本书若有印装质量问题,请向出版社营销中心调换
全国免费服务热线:400-6679-118　竭诚为您服务
版权所有　侵权必究

前　　言

为了满足新形势下信息及人工智能人才培养要求,在总结近年来工作过程导向人才教学实践的基础上,武汉商学院的教学一线教师编写了本书。

本书在内容的选择上注意与企业对人才的需求紧密结合,力求满足学科、教学和社会三方面的需求;同时根据本专业培养目标和就业岗位要求,在广泛调研基础上,结合应用型本科院校的教学规律,采用理论与实践相结合的方式,介绍理论知识及相关应用,充分满足老师的教学需求和学生的学习需求。全书内容共分为6章:车联网概述、车联网的结构与技术体系、车联网的关键技术、车联网安全技术、车联网典型应用、基于车联网的城市车辆管理系统设计。

本书为高等院校应用型本科智能制造领域"十三五"规划教材,具有以下特点。

(1) 理论与实践结合。本书先介绍车联网的基础知识,再介绍车联网相关应用。

(2) 内容先进,理论翔实。本书介绍了车联网相关研究成果,这些成果在实践中已有一定应用。

(3) 校企合作,注重应用。本书在编写过程中注意与企业对人才的需求紧密结合,力求满足学科、教学和社会三方面的需求。

本书由武汉商学院的张靖、亓相涛、韩光辉、沈寒担任主编。

本书在编写过程中得到了武汉商学院教育处的资助,以及武汉商学院信息学院的大力支持,在此表示衷心的感谢。

由于相关课程的教学尚在探索之中,且编者水平有限,书中定有疏漏和不足之处,恳请广大读者批评指正。

编　者

2020年9月

目 录

第1章 车联网概述 (1)
- 1.1 物联网与车联网 (2)
  - 1.1.1 理解物联网 (2)
  - 1.1.2 理解车联网 (4)
  - 1.1.3 车联网与智能交通系统的比较 (4)
- 1.2 车联网的起源与发展 (6)
  - 1.2.1 车联网发展起源 (6)
  - 1.2.2 车联网标准与协议的发展 (9)
  - 1.2.3 我国车联网发展的战略目标与应用的市场前景 (11)
  - 1.2.4 我国典型的车联网应用 (12)
  - 1.2.5 车联网发展中存在的问题 (13)
  - 1.2.6 我国车联网产业发展现状 (15)
- 1.3 车联网应用分类 (19)

第2章 车联网的结构与技术体系 (21)
- 2.1 车联网的结构 (22)
  - 2.1.1 车联网逻辑架构 (22)
  - 2.1.2 车联网体系架构 (22)
  - 2.1.3 车联网的主要组成元素 (24)
- 2.2 车联网技术体系 (26)
  - 2.2.1 系统组成 (26)
  - 2.2.2 车联网的"云管端" (28)
  - 2.2.3 车联网的工作原理 (30)
- 2.3 车载终端 (34)
  - 2.3.1 车载终端的现状及发展趋势 (34)
  - 2.3.2 各类终端的技术现状 (46)

第3章 车联网的关键技术 ……（49）

3.1 数据采集技术 ……（50）
3.1.1 整车数据的采集 ……（50）
3.1.2 车外数据的采集 ……（63）

3.2 识别技术 ……（72）
3.2.1 语音识别 ……（72）
3.2.2 视频图像识别 ……（73）
3.2.3 射频识别 ……（78）

3.3 车载网络技术 ……（82）
3.3.1 DSRC ……（82）
3.3.2 ZigBee ……（84）
3.3.3 蜂窝网络 ……（86）
3.3.4 Wi-Fi ……（86）

3.4 车联网数据处理技术 ……（87）
3.4.1 云计算技术 ……（87）
3.4.2 多源数据预处理技术 ……（90）
3.4.3 数据加密与隐私保护技术 ……（90）
3.4.4 大数据存储技术 ……（91）

第4章 车联网安全技术 ……（93）

4.1 车联网安全风险概述 ……（94）
4.1.1 车联网安全事件 ……（94）
4.1.2 车联网安全防护政策 ……（95）
4.1.3 车联网安全风险分析 ……（95）

4.2 车联网安全体系 ……（98）
4.2.1 车联网安全体系概述 ……（98）
4.2.2 车联网安全系统的整体架构 ……（98）
4.2.3 安全保障措施 ……（99）

4.3 车联网安全平台应用 ……（107）
4.3.1 CCC 和 MirrorLink 概述 ……（107）
4.3.2 MirrorLink 安全漏洞简析 ……（108）

4.3.3 MirrorLink 协议栈 ………………………………………………… (109)
    4.3.4 攻击 MirrorLink 的过程 …………………………………………… (110)
    4.3.5 车联网安全平台实施措施 …………………………………………… (111)

第 5 章 车联网典型应用 ………………………………………………………… (115)
5.1 车联网应用发展现状 ……………………………………………………… (116)
    5.1.1 自主品牌车联网发展 ………………………………………………… (116)
    5.1.2 应用现状 ……………………………………………………………… (117)
    5.1.3 国际趋势 ……………………………………………………………… (117)
5.2 通用 OnStar ……………………………………………………………… (119)
    5.2.1 通用 OnStar 功能体验 ……………………………………………… (119)
    5.2.2 通用 OnStar 工作原理 ……………………………………………… (123)
5.3 基于车载诊断系统的车载智能终端 ……………………………………… (127)
    5.3.1 OBD 车载智能终端的现状 ………………………………………… (128)
    5.3.2 基于 OBD 的车载智能终端的功能 ………………………………… (132)
    5.3.3 OBD 系统监测内容及诊断对象 …………………………………… (133)
    5.3.4 基于 OBD 的车载智能终端的发展趋势 …………………………… (134)
5.4 驾驶辅助系统 ……………………………………………………………… (135)

第 6 章 基于车联网的城市车辆管理系统设计 …………………………………… (139)
6.1 需求分析及系统功能 ……………………………………………………… (140)
6.2 硬件设计 …………………………………………………………………… (142)
6.3 软件架构 …………………………………………………………………… (143)
6.4 技术方案 …………………………………………………………………… (144)

参考文献 ………………………………………………………………………………… (148)

第 1 章

车联网概述

CHELIANWANG GAISHU

车联网是由物联网发展而来,是物联网的一种典型应用。它是物联网和汽车两大领域的重要交集。本章对物联网进行概述,并对车联网与物联网的关系进行了比较,介绍了车联网的起源与发展,以及当前车联网的应用分类。

1.1 物联网与车联网

1.1.1 理解物联网

物联网(internet of things,IoT)是互联网的延伸,互联网的终端是计算机(个人计算机 PC、服务器),而物联网的终端是嵌入式计算机系统及其配套的传感器,是物与物(物上嵌有传感器或计算机系统)之间的联网,物联网仍属于计算机学科范畴。广义上来说,只要有硬件或产品(如穿戴设备、环境监控设备、虚拟现实设备等)连上网,发生数据交互,就叫物联网。

目前世界上对物联网没有一个统一的定义。但根据大多数人认可的相关定义,物联网的定义这里概括为:物联网指的是物物相连的互联网,即在互联网的基础上,利用射频识别(radio frequency identification,RFID)设备、全球定位系统、红外感应器、激光扫描器、气体感应器等各种信息传感设备,按约定的协议,把任何物品与互联网连接起来,进行信息交换和通信,以方便识别、管理和控制。

随着大数据、云计算和人工智能的发展,目前物联网被赋予了新的含义,物联网与云计算、边缘计算、人工智能的结合,兴起了目前 AIoT(即人工智能 AI+物联网 IoT,简称智联网)的新概念,使得物联网发展前景更加广阔。

按传统划分方法,物联网可分为感知层、网络层和应用层三个层面,如图 1-1 所示。

1. 感知层

感知层主要可以利用射频识别、二维码、卫星定位、摄像头、传感器等各种感知、捕获和测量手段,随时随地对物体进行信息的采集和获取。

2. 网络层

物联网设备的分散、应用场景的复杂性,决定了有时候一种只具有单一能力的网络无法满足所有需求。此时,需要多种网络类型,来支持物联网的不同应用场景。

除有线网络和 3G、4G 外,用于物联网的中长距离以内的网络,常被称作无线传感网,可分为短距离和中长距离的无线通信。其中,短距离无线通信方式较常见的有

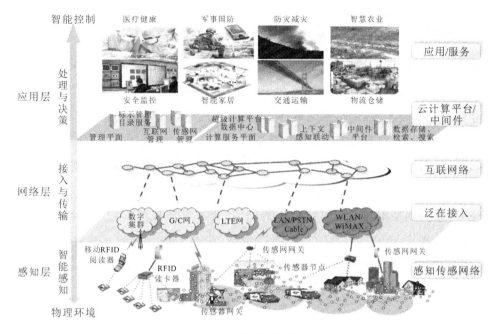

图 1-1　物联网架构图

ZigBee（蜂舞协议）、蓝牙、Wi-Fi（wireless fidelity，无线保真），中长距离无线通信方式较常见的有 LoRa（long range radio，远距离无线电）、NB-IoT（narrow band internet of things，窄带物联网）等低功耗广域网。在物联网应用时，要根据覆盖率、功耗、通信速率、接入的便利性来选择网络类型。例如，虽然 Wi-Fi 具有速率和稳定性方面的优势，但是在某些场景下，设备无法通过它接入网络。又如，3G、4G 移动网络，相比 Wi-Fi，在覆盖率方面有所提升，但是在地下或偏远地区等特殊区域，依然无法保证 100%的覆盖。为了弥补覆盖缺陷，可以采用 ZigBee、蓝牙以组网的方式构建局域网，通过网关的中继进入互联网。但是这两种方式在通信距离等方面又不如 LoRa、NB-IoT等低功耗广域网。3G、4G 移动网络虽然通信距离最长，但功耗性能显然不如 LoRa、NB-IoT。

以上多种网络通信方式，相互协作、弥补，共同构成物联网的网络层，以满足物联网项目的不同应用场景。但是多种网络协作时，需要网关进行汇聚和转换。

3. 应用层

应用层通常可细分为云平台服务层和各种应用，其中云平台服务层提供基础共有的服务，主要负责维护物联网设备的接入、存储分析海量的传感器数据，又称为物联网中间件。各种应用是指可以实现丰富多彩的各种具体业务，如安全监控、智能家居、智慧农业等。

1.1.2 理解车联网

车联网是物联网在汽车领域的应用。与物联网一样,车联网的概念也没有一个明确的定义。通常可以描述为:综合利用先进的传感技术、网络通信技术、数据处理技术和自动控制技术等,以车辆为载体,感知其属性和动态信息,通过收集、处理和共享道路、交通、环境、汽车导航、汽车电子等多个系统间大容量的数据,使驾驶者、管理者、车辆、道路、城市网络相互关联,构成有效信息流和智能控制流,实现对所有车辆的有效监管,并提供综合服务,实现车与车、车与路、车与人的智能协同。用一句话简单地说,车联网就是车与一切事物相连的网络,通过车辆自组网,及多种异构网络之间的互联,实现车与车、车与路、车与路边设施、车与云端之间的互联互通,如图1-2所示。与物联网一样,车联网也分为感知层、网络层和应用层三层。

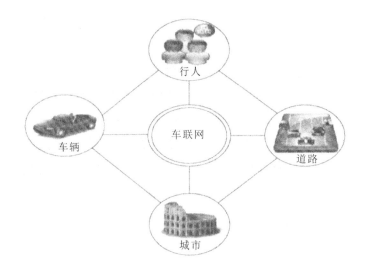

图1-2 车联网组成示意图

车联网已深入到我们的生活当中,常见应用有智能公交定位系统、智能停车场管理系统、紧急救援系统、智能导航系统、智能交通管理系统、车载社交网络等。目前对无人驾驶方面的研究也属于车联网和人工智能相结合的一种很热门的研究方向。它满足了人们对未来汽车行业的美好愿望——人们从驾驶座上解放出来,汽车将成为移动的生活空间——将改变人们未来的生活和工作方式。

1.1.3 车联网与智能交通系统的比较

智能交通系统(intelligent transport system,ITS),指的是一种综合交通运输管理系统,是将数据通信传输技术、电子传感技术、电子控制技术、计算机处理技术等有效地集成,并运用于整个地面交通运输管理体系而建立的一种综合交通运输管理系统。它一般由交通信息系统、交通管理系统、公交系统、车辆控制系统、货运管理系统、电子收费系统、不停车收费(ETC)系统、紧急救援系统等子系统组成。

车联网与智能交通系统不同之处在于如下几点。

(1) 关注的群体不同。智能交通系统关注的群体是所有交通参与者,而车联网关注的群体是驾驶者。

(2) 研究对象不同。智能交通系统研究的对象是所有交通出行工具,包括机动车、电动自行车、自行车,而车联网的研究对象仅是所有机动车辆。

(3) 研究内容不同。智能交通系统研究的内容是交通信息系统、交通管理系统、公交系统、货运管理系统、车辆控制系统、电子收费系统、不停车收费(ETC)系统及紧急救援系统;车联网研究的内容是基于车与车、车与路、车与行人、车与云平台之间的互联互通。

两者之间也有如下联系。

(1) 智能交通系统中的交通信息子系统,可以获取动态交通信息,为车联网的驾驶者提供服务。

(2) 智能交通系统中的交通管理子系统,通过车联网的"云、管、端"中的控制端及车载终端,对车辆进行检测。

(3) 智能交通系统中的公交子系统、货运管理子系统,也是车联网在商用车领域的应用,有时把它们称为公交车联网、出租车联网、物流车联网。

(4) 智能交通系统中的车辆控制子系统,其实是车联网的一个应用。

(5) 智能交通系统中的电子收费系统及ETC系统实际上是车联网的车与路之间的一种应用。

(6) 智能交通系统中的紧急救援子系统,指当紧急情况发生时,车主按时按动车上安装的紧急按钮,通过无线通信接通客服中心;客服中心人员通过卫星定位技术精准定位,并实时调度救援资源,将救援送达车主。该系统致力于最小化车主的生命、财产损失,是车联网的基础服务。

(7) 智能交通系统和车联网的目的一致,都是为了提高道路交通安全、提高道路利用率、降低能源消耗、打造人车路三者有效协同。

综上所述,车联网属于智能交通系统范畴。车联网的目的就是实现智能交通。

1.2 车联网的起源与发展

1.2.1 车联网发展起源

车联网的发展离不开相关技术、标准的发展、完善。2009年11月,第四届中国无线射频识别(RFID)技术发展国际研讨会在上海召开,其分论坛包括RFID技术及智能交通信息技术与应用。2010年9月,中国智能交通新技术及标准化发展高峰研讨会在杭州举行。该会议围绕着"创造低碳、安全、便利的'感知交通'新生活"加深对智能交通新技术、新理念的认识,促进智能交通系统的标准化建设。另外,国际合作对车联网的发展也起到推动作用。通用汽车公司已经和中国电信达成合作协议,利用电信3G网络为用户提供车载信息服务,并逐步建设车联网。IBM公司将部署交通预测系统,声称可以预测一小时后的交通状况,从而留下充足的时间避免交通堵塞。

物联网概念在欧洲和亚洲得到了广泛的关注,受到国际电信联盟(ITU)的支持。与物联网相似的信息物理系统(cyber physical system,CPS)概念在北美也得到了广泛认同。美国国家科学基金会(National Science Foundation,NSF)给予了大量经费以支持CPS的研究,已先后资助超过100个CPS项目。

随着物联网概念的提出和相关研究的开展,很多研究机构和全球汽车厂商聚焦物联网技术在城市智能交通中的应用。例如,汽车巨头通用汽车公司为凯迪拉克配备安吉星车载信息服务系统,IBM公司推出了交通预测模型,上海市进行了智能交通相关项目的研发。2011年,上海车联网与车载信息服务产业联盟(Shanghai Vehicle Connectivity and Telematics Alliance,SVCTA)成立。该联盟由上汽集团[①]、上海市交通电子行业协会、上海移动、上海联通、上海电信、宝信软件和高德软件等46家企业发起成立,聚焦一批关键发展方向,重点扶持一批重大项目,重点培育一批自主创新企业,以形成和完善车联网与车载信息服务产业链为目标,协调发展与车联网、车载信息服务紧密相关的制造业、通信业与应用服务业,加快培育信息服务业,促进产业链上下游联动、协调可持续的发展。

物联网已经成为信息网络技术发展的焦点。它加快了社会的信息化和网络化进程。车联网是物联网的一个重要应用分支,也得以快速发展。车联网的发展已成为

---

① 本书中公司名大都采用业内通识的简称。

必然。

1) 车联网的发展来自社会发展的必然

在物联网产业中,车联网的重要性正在逐渐提高,车联网的诞生及其快速发展是社会经济发展、科技进步的必然结果。在人们的日常生活中,汽车扮演的角色正变得越来越重要,汽车不仅被称为计算机(俗称电脑)、手机、电视之外的"第四终端",同时车辆数目的快速增加所带来的交通、环保等社会问题也越来越尖锐,整个社会对汽车也提出了更多要求。这些来自网络资讯、道路信息、车辆信息、行车安全、道路通畅、节能环保等方面的需求,加上物联网技术的发展,催生了车联网产业并不断推动其发展。在未来,汽车自动驾驶、零事故交通等理念的实现也将成为可能。

2) 政府和市场的双重推动促使车联网迅速发展

车联网被认为是物联网目前最具市场潜力的应用领域之一。我国的车联网发展是从2009年开始的,但我国的智能交通行业则已经发展了十几年,为车联网行业的发展打下了一定的基础。车联网作为物联网在汽车行业的重要应用,现已被列为国家重大专项项目,首期资金投入达百亿元规模。

我国2010—2014年颁布了一系列车联网相关政策。

2011年2月28日,交通运输部发布了《道路运输车辆卫星定位系统车载终端技术要求》,并于2011年5月8日正式实施,要求"两客一危"车辆必须安装车载终端产品。

2012年7月22日,《国务院关于加强道路交通安全工作的意见》指出,重型载货汽车和半挂牵引车应在出厂前安装卫星定位装置,并接入道路货运车辆公共监管与服务平台。截至2015年年底,重型货车动态监管达到95%,同时建立货运安全监管服务平台。

2012年7月31日,我国交通运输部正式发布了《交通运输行业智能交通发展战略(2012—2020)》。该战略要求我国2020年要基本形成适应现代交通运输业发展要求的智能交通体系。

2012年12月31日,交通运输部颁发《关于加快推进"重点运输过程监控管理服务示范系统工程"实施工作的通知》,指出道路运输是卫星导航系统应用的重要领域,在道路运输行业成功开展北斗应用示范,不仅有利于增强行业安全监管和应急处置的能力,提升现代化管理水平,而且对北斗卫星导航系统产业化和可持续发展意义重大。

2014年7月1日,交通运输部、公安部、国家安全监管总局联合制定的《道路运输车辆动态监督管理办法》开始实施,进一步强化了对于智能交通建设的强制性要求。

各项政策的出台给予了我国车联网发展更大的支持。

3) 汽车年销量与保有量稳步增长为车联网构筑庞大市场基础

根据美国汽车行业市场调查企业 IHS Automotive 发布的报告,2014 年全球汽车销量约为 8 500 万辆,预计到 2019 年将达到 1.5 亿辆。根据 Navigant Research 发布的《交通运输业预测:轻型汽车》,截至 2014 年底全球汽车保有量达 12 亿辆。

我国已经成为全球汽车消费大国,民用汽车保有量逐年增加,为车联网市场的发展带来了巨大的市场需求。根据工信部发布的《2014 年汽车工业经济运行情况》,2014 年我国累计生产汽车 2 372.29 万辆,同比增长 7.3%,销售汽车 2 349.19 万辆,同比增长 6.9%,产销量保持世界第一。根据交通管理局发布的信息,截至 2014 年底,我国汽车保有量达 1.54 亿辆。根据全球移动通信系统协会(GSMA)与市场研究公司 SBD 联合发布的《车联网预测报告》,预计到 2018 年全球车联网市场规模将达到 390 亿欧元,较 2012 年的 130 亿欧元增长 200%。

4) 推进车联网具有良好的管理基础

车辆在购买使用时,必须在车辆管理所进行登记,车辆和车主的各种指标、数据都登记在案,并且定期进行检查。这为车联网提供了大量的数据,打下了良好的管理基础。同时,党的"十七大"提出工业化与信息化融合战略,并组建了工业和信息化部。这为"两化融合"提供了重要的体制保障,而车联网是两化融合的现实结合点和突破口。车联网的建设主要涉及汽车制造业和通信业,而这两个行业的主管部门——信息装备工业一司和通信发展司同属工业和信息化部。此外,RFID 等电子技术产品的研发生产厂商、IT 系统集成提供商、无线频率规划管理的部门和负责车联网编码制定的标准化组织,也都由工业和信息化部主管或者主导。因此,车联网建设的主要问题都能够在一个部委领导下协调解决。

5) 交通运输行业发展车联网需求迫切

一方面,交通运输行业具有广泛而迫切的行业应用需求。随着交通基础设施建设的完善,以及汽车工业的快速发展,交通运输行业在大踏步发展的同时,也带来了诸如交通拥堵、环境污染等众多社会问题。如何利用车联网实现交通运输行业资源的优化配置管理,保证交通可持续发展,是目前交通运输行业由传统行业向服务型行业转变,实现"感知交通"急需解决的问题。另一方面,交通运输行业具有坚实的信息技术基础条件。以智能交通为代表的交通信息化建设,将传感器技术、RFID 技术、GPS(global positioning system,全球定位系统)技术、无线通信技术和视频检测识别技术等运用于整个交通运输管理体系，使得交通运输行业中无处不在利用车联网技术、网络和设备来实现交通运输的信息化和智能化。综上所述，交通运输行业是最有可能、最有条件实现车联网大规模应用的领域之一。

6）推动车联网相关产业链的发展

我国是全球最大的汽车生产国和消费国，车联网的建成不仅会给我国智能汽车业带来广阔的前景，也将会带动其他相关产业链的发展。车联网产业链涵盖汽车零部件生产厂家、芯片厂商、软件提供商、方案提供商和网络供应商等多个领域。从车联网服务和应用的对象上可以看到，尽管车联网在物理上是十分简单地将车辆与网络相连，但是车联网服务惠及的主体范围很广，参与车联网服务的主体更是十分复杂。同时，由于中国的汽车制造业是国际化的，国内车联网市场并不是孤立的，因此，要对涉及车联网各方的利益和在国际汽车市场大环境中的产业形态进行分析。从产业的角度看，车联网是一组十分复杂的产业链群。

1.2.2 车联网标准与协议的发展

1. 车载信息服务 Telematics 标准现状

伴随着智能交通和智能汽车技术的发展和应用，车载环境的无线接入（Wireless Access in Vehicular Environments，WAVE）作为一个 Telematics 行业通信标准被提出并被列为 IEEE 802.11p 标准。Telematics 系统不仅能实现车与道路基础设施（简称车与路，vehicle to infrastructure，V2I）间的通信，还可以实现车与车（vehicle to vehicle，V2V）、车与网络（vehicle to network，V2N）、车与人（vehicle to person，V2P）之间的信息传输。这样一来，每辆汽车都成为物联网中的设备，形成了一个汽车行业的物联网。

Telematics（车载信息服务）是以无线语音、数字通信和卫星导航定位系统为平台，通过定位系统和无线通信网，向驾驶员和乘客提供交通信息、紧急情况应对策略、远距离车辆诊断和互联网服务（金融交易、新闻、电子邮件等）的业务。Telematics 的功能以行车安全与车辆保全为主，基本可总结为卫星定位、道路救援、汽车防窃、自动防撞、车况掌握、个性化资讯接收和多媒体娱乐资讯接收等。

Telematics 的服务可分为三种基本类型，即交通信息与导航服务、安全驾驶与车辆保护服务，以及车辆维护、娱乐和通信服务。Telematics 产业链条主要包括用户、内容提供商、设备提供商、网络运营商和 Telematics 服务提供商五个部分。

在国内，现阶段的最终用户主要是行业用户，如中国移动 e 物流车辆管理的用户主要是物流公司下属的车队。

内容是支撑。内容提供商主要为 TSP(Telematics service provider,Telematics 服务平台)。它生产文本、图像、音频、视频或多媒体信息,内容包括实时交通信息、气象信息和个人资讯等。

设备和网络服务是基础。设备提供商包括硬件和软件提供商,提供的设备有芯片、终端、地图软件、定位软件和中间件集成平台等。网络运营商包括电信运营商、卫星运营商和广电网络服务商等。值得一提的是,中国移动多媒体广播(China Mobile Multimedia Broadcasting,CMMB)凭借其全国网络覆盖的优势,形成了一种广域传输手段的新趋势,现在全国已经有 37 个城市开始发送 CMMB 信号,很多基于 CMMB 的硬件终端也已经上市,成为我国 Telematics 产业的独有特色和亮点。

在 Telematics 服务平台(TSP)软件方面,国外比较典型的有 ATX、Connexis 和 Wireless Car 等软件厂商。汽车厂商一般通过单一的 Telematics 服务平台如丰田的 G-Book,向用户提供专用的服务,固定的供应链结构使得服务提供者很难去降低其运营成本,一个好的办法是通过开放、标准化的协议来提供服务。下一代 Telematics 协议(Next Generation Telematics Protocol,NGTP)就是这样一个标准协议,它是由 BMW 公司牵头,联合 Connexis 和 Wireless Car 开发而成的一个 Telematics 软件体系框架和开放的技术标准协议。

2. 我国车联网标准现状

当前,在智能交通某个技术和应用领域,我国已经有相对较成熟的标准体系,但在车联网应用大整合、系统资源共享和技术兼容等方面,我国车联网的标准还相对缺乏,还缺少全局性的政策和行业标准。在标准和政策缺失的情况下,车联网的发展实际上处于相关企业各行其是、自行发展的阶段。而在物联网的分支中,最容易形成系统标准、最具备产业潜力的应用就是车联网。因此,"十二五"规划已明确提出,要发展宽带、融合、安全的下一代国家基础设施,推进物联网的应用,车联网的发展已经进入了国家视野。"产业发展、标准化先行",标准化是促进一个产业健康发展的基础。因此,我国在芯片、通信协议、网络管理、协同处理和智能计算等领域开展了多年技术攻关,取得了许多成果。我国在传感器网络接口、标识、安全、传感器网络与通信网融合、物联网体系架构等方面相关技术标准的研究取得了进展,成为国际标准化组织(International Organization for Standardization,ISO)传感器网络标准工作组的主导国之一。2010 年,我国主导提出的传感器网络协同信息处理国际标准获正式立项,同年,我国企业研制出全球首颗二维码解码芯片,研发了具有国际先进水平的光纤传感器。

1.2.3 我国车联网发展的战略目标与应用的市场前景

1. 我国车联网发展的战略目标

目前,我国发展车联网的战略目标是:开展车联网关键技术研究,抢占技术制高点;开展车联网标准体系研究,突破国外标准壁垒;加快车联网产业培育,制定技术产业发展规划和应用推进计划;发展关键传感器件、装备、系统和服务;推进车联网信息中心建设,促进车联网与互联网、传感网融合发展;推进车联网信息服务平台建设,提升涉车信息服务水平。车联网作为信息化工业化融合的典范和物联网的示范工程,在"十二五"规划的战略性新兴产业中占据非常重要的地位,是推动汽车制造和服务业、交通运输业等转型升级的重要动力,也是在保持国民经济持续增长的同时强化社会安全、提高交通效率和发展绿色节能的重要手段。

2. 我国车联网应用的市场前景

当前形势下,消费者对汽车在服务方面的消费需求和对汽车服务营销要求已经从简单的纯消费,发展到突出个性化、人性化的消费。消费思路、消费理念和消费方式已经迈上新台阶。业内专家认为我国现在的汽车服务产业还处于整车厂主导的时代,众多整车厂商将汽车服务打造成利润的又一重要来源。而且对于整车厂来说,一个健全、合理的售后服务体系,不仅能让其从产业链的下游进一步获得利润,而且也能延长一个车型畅销的寿命。因此,无论是乘用车还是商用车,车厂都已积极地参与到车联网产业链中。车厂的参与对整个车联网产业链来说有着非常重要的作用,推动了相关设备在前装市场的发展。

民用汽车车载系统可分为前装与后装两大类,前装车载系统属于汽车原厂配置,而后装车载系统则由汽车经销商或消费者自行购置,绝大部分未经汽车原检认可。前装车载系统设备的功能、规格、性能、可靠性、稳定性必须满足汽车行业规范和标准,即所谓车规级要求:除了供应商的质量体系要达到 TS16949 标准,产品还要符合美国汽车工程师协会(Society of Automotive Engineers,SAE)、国际电工委员会(International Electrotechnical Committee,IEC)、中国国家标准等对产品的规范要求;而对于前装车载系统中的无线通信模块的电磁兼容(electromagnetic compatibility,EMC)性能要求则有别于一般遵循的 3GPP(第三代合作伙伴计划,2016 年 3GPP 规范第 13 版冻结)规范,可靠性方面的测试方法和手段等也都给出统一并明确的内容;另外,在产品的售后、返修等环节有明确并且严苛的质量保障协议。所有这些都对无线通信模块达到车规级提出新的要求和挑战。过去前装车载系统一般出现在知名汽车厂商具有高端配置的汽车型号和款式中,在市场中不具有普遍性。随着人们消费能力的增强及对驾驶安全与舒适性要求的进一步提升,未来汽车厂商将不断扩大前装车载系统的车型覆盖范围,前装车载系统将逐渐成为市场主流。

1.2.4 我国典型的车联网应用

1)汽车主动安全

长安汽车与清华大学就"智能交通与主动安全"项目进行了合作。长安汽车赠予清华大学 10 辆悦翔轿车作为试验用车,用于汽车安全技术研究。2009 年,长安汽车对国内外智能交通和主动安全技术的发展现状、产业化前景和国内基础等进行了充分的调研和论证,在此基础上,制定了重点发展基于智能交通的汽车主动安全技术的战略规划。2010 年长安汽车与清华大学合作开展了基于机器视觉的车道偏离和前方障碍物预警系统的研究,完成了样车开发。该样车具备车道偏离报警、自适应巡航和前撞预警功能。2011 年,长安汽车在上海国际车展上展示了主动安全技术,清华大学负责其中控制系统的开发。

2)G-BOS 智慧运营系统

2010 年,苏州金龙推出了 G-BOS 智慧运营系统,着眼于汇聚成熟的客车运营管理技术、尖端的客车电子技术和 3G 通信技术,为国内客车产品的全新升级提供完备的解决方案。G-BOS 智慧运营系统是 Telematics 技术和商业智能(business intelligence,BI)技术在客车上的综合应用。G-BOS 智慧运营系统通过安装在客车上的车载终端从 CAN(controller area network,控制器局域网络)总线和各类传感器上持续不断地采集发动机运行数据、车辆状况信息和驾驶员的操控行为,同时接收 GPS 卫星定位信息,记录车辆所在位置,并通过 3G 无线通信网络将所有信息实时传递到数据处理中心。G-BOS 智慧运营系统车载终端同时还融合了行车记录仪、倒车监视器、故障报警显示台、视频播放器和短消息接收器等设备的相关功能,可以实时将车辆相关信息提供给驾驶员和后方运营平台。G-BOS 智慧运营系统可以说是车联网智能平台的雏形,为道路交通运输行业车联网的下一步建设和发展奠定了坚实的技术基础。

3)不停车收费系统

厦门市于 1998 年提出建设基于 RFID 技术的不停车收费(ETC)系统。最初使用有源 5.8 GHz 不停车收费产品。然而,由于 ETC 系统应用的 5.8 GHz 有源产品存在电池消耗快的先天不足,有源卡会因电池耗尽而读取信息失败,从而造成收费站车辆拥堵。通过调研，厦门 ETC 系统改用 915 MHz 的无源产品，其可靠性和稳定性均优于有源产品。厦门作为第一个成功将 RFID 技术应用于城市路桥不停车收费的城市，其 ETC 系统建设过程中的成功经验和失败教训，为我国车联网的发展提供了借鉴。

4）汽车数字化标准信源

汽车数字化标准信源全称为汽车身份特征信息和管理基础信息的数字化的标准信源，俗称电子车牌。它是一种工作于 UHF(ultrahigh frequency，特高频)频段(840~845 MHz 或 920~925 MHz)，具有多项应用特性的无源汽车专用射频识别(RFID)电子标签。汽车数字化标准信源系统是一个建立在汽车数字化标准信源基础上的涉车涉驾数字化信息技术服务系统。这一信息技术服务系统以汽车的身份自动识别认证功能为核心，向社会提供汽车的身份信息、路网信息和事件信息等。汽车数字化标准信源系统技术特点主要有：

(1) 标签内存容量不小于 216 B；
(2) 具备全球唯一 ID(identity，标识)号；
(3) 使用 UHF 频段无源免维护电子标签(寿命为 10 年)；
(4) 读写器外场工作抗干扰能力强；
(5) 利用跳频技术保障无线射频通信安全可靠；
(6) 实现汽车高速行驶状态(100~180 km/h)下的可靠读取；
(7) 实现远距离($\geqslant$20 m)识读；
(8) 实现汽车数字化标准信源内的信息安全控制；
(9) 实现电子标签与汽车严格的唯一对应。

汽车数字化标准信源系统可以对车辆道路行驶进行有效安全监管，对道路行驶的车辆进行身份识别，满足车辆超速警告、被盗抢车辆追查、黑名单车辆布控、假牌车辆/套牌车辆打击、交通肇事逃逸追查、交通事故信息采集和无牌车辆管理等监管需求；也可以对道路车辆驾驶员进行有效监管，通过车辆驾驶人员身份识别，改善目前国内外对驾驶人员动态监管的空白状态，实现对无证驾驶、违反准驾规定驾驶机动车、驾驶员逾期年检或不年检、特种车辆驾驶人员准入等驾驶员的安全监管；还可以满足涉车涉驾社会化服务需求，从而提升我国道路涉车现代化管理技术水平。

1.2.5 车联网发展中存在的问题

(1) 当前车联网没有构建统一的协调中心。尽管已经有了像交通信号灯警告、路桥电子不停车收费等应用,但这些应用之间是相互独立的。这些应用所使用的单一信道方式要与分布式控制的要求相结合,是车联网设计的关键问题所在。很显然,媒体接入控制是车联网设计的核心所在。尽管提出了基于时分多址(time-division multiple access,TDMA)和空分多址(space-division multiple access,SDMA)等方法,但目前主要使用的是基于车联网介质访问控制子层的载波监听多路访问(carrier sense multiple access,CSMA)协议。

(2)信道带宽的频率范围为 10~20 MHz。在车辆密度大的地方,很可能造成信道拥塞,然而利用多个信道就会造成多信道同步问题及同道干扰问题。由车辆移动及无线电波影响所带来的动态网络拓扑变化也是存在的问题之一。无线电波必须考虑天线的高度及移动车辆自身金属反射对无线信道造成的不利影响;同时需要考虑车辆自适应发射功率和速率控制,以保证可靠、低延时的通信。

除此之外,车联网还需考虑安全问题和隐私问题。一方面,车主需要了解可靠的交通路况信息以保证驾驶的安全。例如,某个车主在行驶的路上发送错误的信息给其他车主,告知他们该路段交通拥挤并鼓励其绕道而行,造就了对自己有利的行驶环境,但却给其他车主带来了极大的交通危险。其挑战关键在于如何对广播消息的车辆进行认证。另一方面,车主不希望车辆信息被非法泄露,以防止未被授权的跟踪,保持其隐私性。这样就很有必要在安全问题和隐私问题上寻求一个平衡点。

总体来看,未来车联网的发展瓶颈主要在以下几个方面。

1)网络及资费

网络及资费问题需要各大运营商不断完善 3G、4G 和 Wi-Fi 网络,保证各地市、县区及郊区地带能够接收到信息。

2)商业模式

商业模式的建立需要有一定的用户规模,而没有好的商业模式就无法吸引客户。我国的车联网产业还处于发展的初期,商业模式仍不明朗,需要各方企业合作探索出能够实现可持续发展的模式。企业在选择商业模式时,也要根据自身的情况作出理性的分析和判断,从而推动我国车联网产业的发展。

3)支付方式

目前服务商所采取的方式都是一年免费,那么免费期过了之后如何解决收费问题?另外,当前车联网服务商提供的服务内容不足以让用户有黏性,但用户愿意交钱,那么这个钱如何交?交给谁?

4）本地化服务

目前 TSP 所提供的主要服务内容是 GPS 导航、实时路况追踪、紧急救援、防盗报警等。可以看出，其提供的服务存在本地化瓶颈，而动态导航是需要实时交通信息作支撑，但目前全国开通的城市数量有限，并且没有高速公路、国道、省道的路况，所以暂时无法实现商业化使用。

1.2.6 我国车联网产业发展现状

我国拥有网络规模与覆盖范围全球第一的移动通信网络和丰富的带宽资源，并在 RFID 技术和汽车智能化等方面积累了一定的研究基础，发展车联网具有一定优势。随着应用需求的多样化，信息技术的智能化元素将向传统领域渗透，推动相关产业链各个环节的发展。未来，智能信息技术解决方案将成为汽车、交通行业的核心，汽车电子设备提供商、软件厂商和通信运营商将成为各行业发展的决定因素，云计算、移动互联网、传感器和嵌入式软件等信息技术将在应用中得到提升和突破。

1. 车联网感知技术与产业现状

随着汽车电子化水平的日益提高，作为全球最大的汽车市场，中国汽车电子核心产品的感知技术产业将会继消费电子、通信和计算机之后受到全球业界的关注，中国汽车感知产业飞速发展已成趋势。RFID 感知技术在中国车联网领域也得到了广泛的应用，如实现不停车收费和用于物流车辆管理等。公安部已经推出一种识别率在 99.9% 以上的专用电子标签，可安装在汽车风窗玻璃上，以便对车辆身份和位置信息进行唯一标识。我国正在计划加快推进无线传感器在车联网领域的应用。汽车计算平台通过与车辆传感器节点的数据交换，实现环境监测、目标发现、位置识别和控制其他设备的功能，此过程需要通过网关连接无线传感器网络和外部网络，实现两种网络协议之间的转换，从而发布、发送控制命令到传感器网络内部节点，因此无线传感器网络的体系建立非常重要。车联网的快速发展，大大促进了我国传感器产业的发展，目前一辆普通家用轿车上会安装几十到近百只传感器，豪华轿车则多达 200 余只，种类达几十种，两者所用传感器约占整个汽车传感器市场的 1/3。

随着车联网的快速发展，环保、安全、智能是未来的汽车传感器的发展方向，这给传感器产品带来了更高的质量要求。汽车电子化越发达，自动化程度越高，对传感器的依赖性就越大，因此国内外都将车用传感器技术列为重点发展的项目。汽车传感器的应用将不再局限于发动机管理系统，而是越来越多地与环境保护、安全和智能联系在一起。

2. 车联网通信技术与产业现状

汽车通信系统是车联网的信息传输渠道，车辆的移动特点也决定了车联网通信应以无线通信为主。在车联网无线通信解决方案中，通信网络带宽是车联网通信面临的一个技术难题。目前的 3G 网络带宽并不能满足未来图像和流媒体的传输需求，而 4G 网络和基于 DSRC(dedicated short range communication, 专用短距离通信) 协议的自组网技术等也还没有完全突破。当车联网感知系统采集上来的信息被汇聚到数据中心后，需要对其进行存储、交互和分析。但国内在云计算和海量数据处理方面，还未掌握核心技术，而且在全面获取系统精准的信息基础上，针对不同应用进行智能化处理，更是一项世界性的难题，需要开展大量工作来研究智能化应用的数学模型。2011 年，启明信息与 TD-SCDMA(time division-synchronous code division multiple access, 时分同步码分多路访问) 第三代移动通信国际标准的核心专利拥有者——大唐电信合作，在汽车移动通信领域全面拓展车联网市场。双方通过共建实验室，充分利用大唐电信在通信接入、通信终端、通信应用与服务等领域的技术优势和技术积累，结合启明信息在汽车电子产品化、工程化和市场化方面的优势，共同开发以我国自主知识产权为核心的高可靠性高集成度、超低功耗的智能化汽车通信电子产品，将汽车与移动通信网络有机地结合，开发适用于未来汽车电子应用的通信模块产品，为智慧车联网提供技术和产业支持，服务于我国乃至世界汽车行业。

蓝牙也是车联网无线通信的一个技术手段，具有成本低、推广容易的特点。现在已有超过 1/3 的车辆具有蓝牙功能。如果用蓝牙实现车联网技术——可以借助原有的蓝牙功能模块，通过导入一些软件将这些模块连接到手机上，再连接到远程的服务中心来获取内容和服务。这些软件可以在汽车出厂之前配置，也可以在汽车销售之后让用户去下载配置。信息通信系统是我国汽车市场增长速度最快的领域，汽车信息通信系统在我国有巨大的市场发展潜力。现在很多运营商都在推出车联网服务平台，面向高端的客户群体，提供各式各样的无线通信服务，产业链很长。3G 网络为车联网提供了完备的网络基础。

3. 车联网导航技术与产业现状

1) 全球定位系统(GPS)技术与产业概况

近年来，车载导航系统已被广泛使用，车联网的发展带来的汽车导航业的巨大市场潜力又一次引起各方的广泛关注。卫星导航是车联网的一个支撑基础，如果没有卫星导航的存在，车联网这个概念就难以成立。随着我国私家车保有量的稳定增长和智能手机销售量的激增，与之共同发展的我国 GPS 导航市场也保持了高速的增长。据统计，2012年我国GPS导航产品的出货量达到了20 302.92万台（包括车载前装GPS、车载后装GPS、便携式GPS、GPS手机、GPS测绘仪器等）。未来几年，随着我国汽车保有量的提升和GPS设备的进一步普及，我国GPS导航市场将迎来更广阔的发展空间。

另外，随着智慧物流的发展，国内中长途运输的载货车对车载导航系统的需求也越来越大。该系统既能满足交通导航的需要，同时也能为驾驶员在长距离运输过程中的娱乐和信息沟通提供便利。面对如此庞大的市场，国内的多家厂商已经推出了自己的产品，而国外厂商也在为其产品的本土化进行大量的准备工作。车载导航系统在市场上发展，不仅需要有很好的硬件支持，也需要有很好的软件与其相配合，导航内容应包含道路状况、商店分布和交通规则等。在我国，要把这些资料搜集全是非常困难的，因此要想在我国市场上取得成功，拥有准确、全面的资料是关键。全面准确的导航内容是车载导航系统的价值所在。但公共信息资源能不能真正地开放和共享、共享到什么程度，还需要不断地完善和探索。从服务的角度上来讲，车载导航还涉及智能交通系统当中的几个部分的内容，包括交通信息系统、交通管理系统、车辆控制系统、货运管理系统、不停车收费系统和紧急救援系统等。

2) 中国北斗导航技术与产业概况

北斗卫星导航系统（以下简称北斗系统）是我国自行研制开发的区域性有源三维卫星定位与通信系统，是继美国的全球定位系统（GPS）和俄罗斯的格洛纳斯之后第三个成熟的卫星导航系统。北斗系统为促进卫星导航产业链的形成，完善国家卫星导航应用产业支撑、推广和保障体系奠定了坚实的基础，并极大地推动了卫星导航在国民经济社会各行业中的广泛应用。今后，我国定位服务设备生产商，都将会提供对GPS和北斗系统的支持，这样不仅可以提高定位的精确度，还可以利用北斗系统特有的短报文服务功能改善车联网的实用性。目前，我国正在积极推动各项政策举措，促进北斗系统在智能交通、路况信息管理、道路堵塞治理、车辆监控和车辆自主导航等方面的广泛应用。

车联网作为北斗卫星导航产业的重要部分，将率先应用于交通运输重点营运车辆监控管理。特别是当前北斗系统正处于应用初期，率先在道路运输行业推广应用，有利于迅速实现规模效益，有效降低使用成本，为北斗系统应用推广工作奠定良好的基础。

4. 车载信息服务产业现状

2015年，我国乘用车累计销售2 114.63万辆，同比增长7.30%，国内汽车市场仍保持了高速增长的态势,销量稳居世界第一。汽车市场的发展不断地对车联网服务提出更高要求,推动汽车导航服务的全面升级,成为我国车载信息服务产业发展的市场基础。

随着新技术的发展,汽车将不再是孤立的单元,而成为活动的网络节点。车载信息系统在车内可以构成独立的网络,同时它也是世界网络的一个节点,因此可以提供许多相应的服务。车载信息服务(Telematics)产业是以汽车为载体,能高效提升汽车生活品质,为车主出行提供综合信息和安全保障的新型服务业。车载信息服务将汽车带入了"智能信息化时代",为整个汽车产业链注入了新的活力,创造了全新的价值。车载信息服务是未来汽车产业链发展的方向和趋势。

从计算机领域看,汽车车载信息服务系统是一个移动的计算平台。从服务对象来看,车载信息服务系统涵盖人、车、社会,是它们的和谐统一。车载信息服务系统被划分4个层面,从高到低依次是客户层、服务层、通信层和车载层。

服务层注重人、社会、车的统一。它把这三方面的服务提供给最终用户。服务层是一个服务解决方案的提供层,各运营商面对不同的用户需求把各种车载产品和数据服务网络进行有机结合,向用户提供有特色的、个性化的服务。

通信层是把车载层和服务层结合起来的纽带,无线通信技术将会为车载通信带来更多的变化。

车载层是所谓的各种车载导航、车载监控终端。它分为两种:一种具备通信功能;另一种则不具备通信功能,包括车载监控及在我国逐渐起步的自主导航。未来,车载监控、自主导航必定要与国外的Telematics技术统一起来,为用户提供更加丰富多彩的服务。在国外,车载信息服务系统很少被单独提出来,多数人都把它理解为车载多媒体。近几年,车载信息服务系统被纳入Telematics概念之内。Telematics最早来源于美国,在国际上逐渐产生影响。它的商业模式由三部分组成,包括供应商、服务商、消费者。TSP(Telematics服务平台)在Telematics产业链居于核心地位,向上联系着车厂/最终用户,如整车、物流、客运等,向下衔接着内容提供商、车载设备制造商和网络运营商,如电子地图商、电视台、门户网站等。Telematics产业链构成如图1-3所示。

随着车载信息服务的广泛开展及产业链内厂商的推动,全球车载信息服务产业正稳步进入较为合理的增长阶段。但在目前,国内车载信息服务还正处于起步阶段,尚未形成完整的产业链,部分车载信息服务领域,如车载导航,已经形成了市场规模。目前,国内从事车载信息服务的相关业务公司有300多家,随着汽车销量的持续增

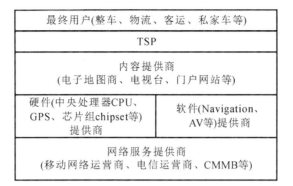

图 1-3 Telematics 产业链构成

加,车载信息服务系统的前装机市场持续增长。2013 年,我国前装车机产量达 178.5 万台,产业规模达 120.1 亿元,分别同比增长 44.8%、42.7%;我国后装车机产量达到 961 万台,产业规模达到 372.9 亿元,分别同比增长 20.8%、12.4%。我国新车前装机装配率持续增长,2013 年达到 10.78%,但相比其他国家或地区(2009 年新车装配率:日本市场为 66.6%,欧洲市场为 15.6%,北美市场为 14.1%),未来存在很大的发展空间。

1.3 车联网应用分类

按照产业引领者的不同,将车联网产业分为:

(1) 汽车品牌厂商引领的面向乘用车消费者的前装车联网;

(2) 消费电子厂商引领的后装车载设备组成的车联网;

(3) 面向商业客货运车队的商业车辆跟踪和车队资产管理的后装车载设备的车联网;

(4) 由政府主导的以实现智能交通、道路安全和道路交通管理为目标的车联网。

按照服务对象进行分类:

(1) 消费者服务,包括人们熟知的专门为车辆、驾驶者和乘坐者提供的地图服务、定位服务、导航服务、辅助驾驶服务、路况服务、维修服务、紧急救助服务、通信服务和行车娱乐服务等;

(2) 生产者服务,包括为汽车制造厂商和他们的 4S 店(一种集整车销售(sale)、零配件(sparepart)供应、售后服务(service)、信息反馈(survey)四位一体的汽车销售企业)提供的车况参数、行驶状态和与此相关的客户关系服务等;

（3）商业管理服务，包括为商业运输车队的管理提供的车辆调度、车况记录、驾驶记录、配载记录、车辆位置跟踪和车辆资产管理服务等；

（4）金融保险服务，包括从车辆购买、运行和运输到维护整个生命周期的金融和保险服务等；

（5）公共管理服务，包括道路管理部门、交通运输管理部门、公安交通管理部门和城市发展规划等部门提供的服务。

第 2 章

车联网的结构与技术体系

CHELIANWANG DE JIEGOU YU JISHU TIJI

2.1 车联网的结构

2.1.1 车联网逻辑架构

车联网是通过信息传感设备,按照约定的协议,把车辆与互联网连接起来,进行信息交换和通信,以实现智能化识别、定位、跟踪、监控和管理的一种网络。

车联网是物联网的一种,参考物联网的分层结构(感知层、网络层和应用层),车联网的逻辑架构如图 2-1 所示。感知层的作用是信息感知,主要设备为标签、传感器等。网络层的作用是数据传递,实现感知层数据的汇聚,并向应用层提供数据支撑。网络层通过通信协议实现网络传输的跨层优化,保证数据传输的安全与同步,系统平台承载着数据存储、全系统性能评估的功能。应用层的作用是为用户提供服务。

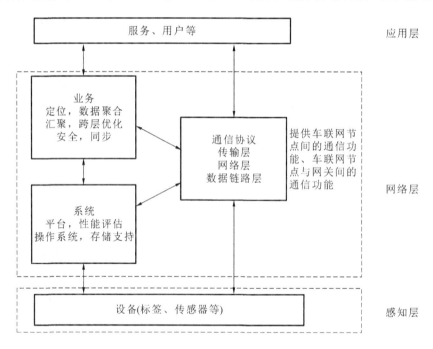

图 2-1 车联网逻辑架构图

2.1.2 车联网体系架构

从产业角度讲,车联网应用必须是可控、可管、可信、可运营的。这样才能给产业链各方都带来效益,促进车联网产业不断发展壮大,所以必须建立起一个"全程全网"

的概念,对车联网体系架构的解析必须立足于"网"。"全程全网"应该包括网络感知层的能力、网络接入层的能力、网络控制层的能力、网络应用层的能力、网络运营支撑能力、网络和终端安全管理能力。

借鉴国际电信联盟电信标准化部门(ITU-T)建议的物联网体系架构设计标准,并结合车联网逻辑架构,车联网体系架构分为以下五层:数据感知层、网络接入层、网络传控层、信息服务支撑层和信息服务开放平台。车联网体系架构图如图2-2所示。

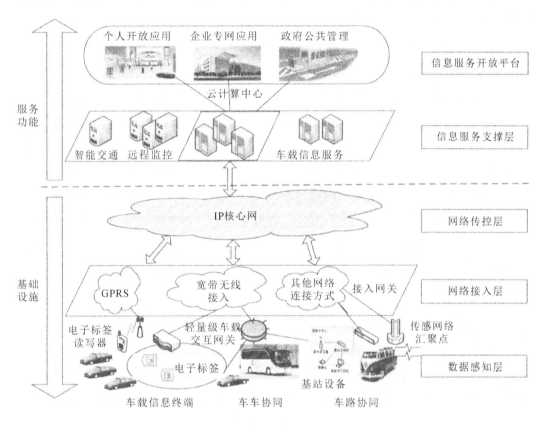

图2-2 车联网体系架构图

1. 数据感知层

数据感知层的主要功能是通过感知技术、车载信息终端和路边系统设备,实现对车辆自身属性和车辆外在属性(如道路、人和环境等)静、动态信息的提取,通过轻量级车载交互网关,完成车辆相关信息的收集和处理,同时接收和执行来自上层的智能交通、增值信息服务等交互控制指令。汽车可以成为一个数据收集和感应器,同时也是实时信息的发布者,通过将汽车本身作为信息收集和感应器,可以将实时的信息(如交通路面状况、天气情况等)上传至后台数据平台。

2. 网络接入层

网络接入层的主要功能是基于 GPRS(general packet radio service,通用分组无线业务)、3G、4G 等现有移动通信网络和宽带无线城域网络基础设施,为车联网融合提供便利的接入条件,同时面向未来移动通信(5G)网络,实现平滑过渡和融合,屏蔽异构接入网络的差异,从而达到向 IP 核心网统一接入的目的。车联网的网络接入包括公众运营网络部分,用来实现运行系统(包含车辆信息系统、路网环境、信息采集基站系统和运行管控服务中心系统等)和运营系统(运营管控平台系统、关键服务子系统等)之间的数据传输,网络接入应具备必要的、安全的数据交互功能。网络接入层的主要功能是实现车联网之间的互联互通。

3. 网络传控层

网络传控层主要通过移动无线网络和专用核心网络实现汽车数字化标准信源与数据中心之间的信息传输,提供用户终端连接和对用户终端的管理,完成对业务的承载,作为承载网络提供到外部网络的接口,从而实现汽车各种服务、管理和服务交互过程的控制等。用户终端连接的建立包括移动性管理(mobile management,MM)、呼叫管理(call management,CM)、交换/路由等功能。用户终端管理包括对用户终端的描述、对用户业务服务质量的描述、用户通信记录(accounting)和安全性管理(由鉴权中心提供相应的安全性措施,包括对移动业务的安全性管理和对外部网络访问的安全性处理)。

4. 信息服务支撑层

信息服务支撑层主要由各种应用服务器(包括数据库服务器)组成,其主要功能包括对各类信息的汇聚、转换、分析,以及根据不同的业务功能需求进行适配和事件触发。该层可依托云计算平台实现车载信息服务、智能交通和远程监控功能,兼顾对传统信息服务系统的整合。

5. 信息服务开放平台

信息服务开放平台的主要功能是运用云计算平台,向政府管理部门、汽车和信息服务运营企业、个人开发者等不同类型用户提供汽车综合服务与管理,从而支持新型的服务形态和商业运营模式。

2.1.3 车联网的主要组成元素

根据车联网的架构,保证车联网系统顺利运行,首先是要通过车辆和车载系统不间断地收集车辆自身的位置、速度、加速度、行进方向等行驶和运行信息,通过车载系统向外传输数据,同时还提供信息交流的界面。通过在交通路网布设路边设备系统(一般会安装在交通热点地区、交叉路口或者高危险地区),可以在一定范围内接收从车载系统传来的数据,并将该数据传输给其他车辆或者其他交通控制设施(如信号灯控制器、动态信息屏等)。系统还可以收集其周围环境或者交通控制设施的信息,并将其发送给周围车辆。

接着,通过无线接入网络和核心网络等信息通信网络系统,依托当前已有的信息通信网络系统,进行数据传输工作。对于交通热点地区,车联网应用对无线接入网络的信道容量会有更大需求,因此应采用多种无线接入手段。

最后,数据平台支撑对在网车辆和设施产生的海量数据进行存储和处理,同时集成其他服务基础数据,为智能交通管控和车载信息服务提供支撑。智能交通管理中心拥有超大的数据库和数据分析功能,用以储存、分析从路边设施系统传输来的数据,并且根据分析结果发送相应的管控指令。车载信息服务与运营中心负责面向不同类型用户提供开放多样的车载信息服务,同时提供安全可靠的运营支撑环境,支持具有新型服务形态和商业模式的车联网应用的开展。

因此,车辆和车载系统、车辆标识系统、路边设备系统、信息通信网络系统、数据平台支撑系统、智能交通管控中心、车载信息服务提供与运营中心等构成了车联网的主要元素。

针对车联网各主要组成元素,需要解决以下方面的问题。

1. 车联网信息的统一标识

实现物体的互联互通首先要解决的是统一编码问题。车联网的发展需要有统一的物品编码体系,特别是一个国家统一的编码标准体系。这个统一的物品编码体系是车联网系统实现信息互联互通的关键。车联网中的车辆标识系统使用电子标签唯一标识汽车,通过公用的信息平台监控汽车,可以对汽车进行定位跟踪和年检等工作。但是,由于目前车联网概念刚刚兴起,相关的统一编码规范还未出台,各个系统根据各自需求,建立起独立的编码识别体系。这为后续行业内不同系统乃至不同行业之间的互联互通带来了障碍。

2. 网络接入时的 IP 地址

车联网中的每个物品都需要在网络中被寻址,就需要一个地址。目前,IPv4(internet protocol version 4,第 4 版互联网协议)资源即将耗尽,而过渡到 IPv6(internet protocol version 6,第 6 版互联网协议)还需要有一个过程,包括设备、软件、网络和运营商等都存在兼容问题。

3. 采集设备

目前道路、桥梁等交通基础设施并没有实现电子化管理,其智能程度较低。传统的设备通过信息化处理,才能具备联网能力。这些交通基础设施的信息化改造覆盖面广、投资额大、建设周期长。这些都是目前车联网实现终端信息化改造所面临的问题。

4. 车联网相关软件和服务产业链

目前车联网概念刚刚兴起,还未出现较为成熟的软件平台和服务应用。交通行业往往具有较高的安全要求(如保证行车安全等),相关软硬件平台要经过大规模应用测试,这势必会对车联网应用的发展起相当大的推动作用。

5. 相关技术兼容

车联网是一个相关技术的集成体。这些技术包括传感器技术、识别技术、计算技术、软件技术、纳米技术和嵌入式智能技术等。任何一个技术的不兼容或者基础薄弱,都会增加整个车联网系统的推广难度。

6. 车联网信息安全

车联网的安全问题主要来源于传统互联网的安全问题、物联网带来的安全问题和车联网本身的安全问题三个方面。车联网中的数据传输和消息交换还没有特定的标准,因此缺乏统一的安全保护体系。车联网中节点数量庞大,且以集群方式存在,因此在数据传播时,大盘的数据发送会导致网络拥塞。车联网中的感知节点部署在行驶车辆等设施中,如果遭到攻击者的破坏,很容易造成生命危险、道路设施破坏等。因此,车联网中的信息安全是至关重要的,会影响车联网的未来发展和实施力度。

2.2 车联网技术体系

2.2.1 系统组成

车联网系统仍可按感知层、网络层和应用层三个层次进行划分,如图2-3所示。

感知层负责信息采集与发布,信息的采集主要利用汽车配备的车载信息系统,通过CAN总线网络技术采集车内各电控单元与车内各传感器的实时数据(见图2-4)。这些信息能够反映车辆行驶状态、车辆位置、车辆安全与车辆识别。信息的发布是指来自路侧设备或数据中心的交通信息在车载信息系统上的发布。发布的信息包括路况、事故、天气等。

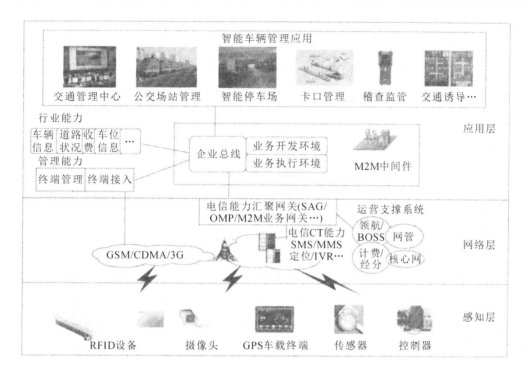

图 2-3 车联网系统组成

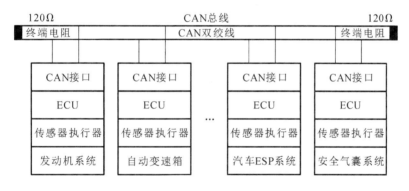

图 2-4 总线整车布局

网络层通过 DSRC(专用短程通信)、3G/4G、Wi-Fi、GPS、WiMAX(威迈)、以太网等现代网络通信技术实现车联网信息的可靠传输。

应用层可分为两个子层:下子层是应用程序层,主要功能是进行数据处理,车联网的各种具体的服务也在这一子层进行定义与实现,现在一般认为采用中间件技术实现车联网的各种服务是较好的选择;上子层是人机交互界面,定义与用户交互的方式和内容。应用层使用的设备主要是一些提供网络服务的服务器和用户使用的车载信息系统等。

2.2.2 车联网的"云管端"

车联网就是实现车与一切事物之间的互联互通。要实现这些互联,其必包含三大要素:车联网云平台、传输网络、车载终端和路侧单元,也就是人们常说的云、管、端。

1. 端

端在车联网中指的是泛在通信终端,包括具备车内通信、车间通信、车路通信、车网通信能力的车载终端和具备车路通信、路网通信能力的道路基础设施。端是记录、传输和保存信息的载体。

1) 车载终端

车载终端是集成了多种传感器,用于采集与获取车辆信息,感知行车状态及环境,并能与人和车进行交互,具有卫星定位及无线通信功能的电子设备。车载终端用于采集与获取车辆信息、车辆运行信息、行车状态及环境信息,实现车内通信、车车通信、车路通信和车网互联,可以提供声音和视觉方面最直接的用户体验,如图形界面、告警提示及音视频播放。

车载终端中集成了移动通信模块、无线通信模块、卫星定位模块、多媒体播放模块、传感器及音视频数据采集模块、数据存储模块及中央处理单元,在中央处理单元的统一调度、协同处理下工作。

移动通信模块负责车辆接入互联网及车与家之间的通信,主要应用于远程数据传输、无线上网及语音通话等方面。中央处理单元通过发送指令控制移动通信模块拨号,建立连接之后可访问互联网,并进行数据的传输。

无线通信模块负责车与车、车与路、车与行人之间的通信,主要应用于车辆识别、驾驶员识别、路网与车辆之间的信息交互。

中央处理单元把卫星定位模块、传感器及音视频采集模块采集的信息经过加工处理后,生成相应的信息,并通过无线通信模块发送给邻近车辆。

卫星定位模块通过卫星获取车辆当前的经度、纬度、海拔、速度及方向等位置信息。

多媒体播放模块主要用于收音机、电视机、CD(小型光碟)播放器、DVD(数字通用光碟)播放器等音视频播放设备中。

数据采集模块通过车辆上安装的各种传感器实时采集车辆运行信息及状态信息,包括音频、视频,以及通过各类传感器进行车内数据的采集(如车辆的发动机信息、车身信息等的采集)。

数据存储模块主要用于车辆行车状态的记录及地图等数据的保存。

2) 道路基础设施

道路基础设施指安装在路侧,采用无线通信技术,可连接互联网,能与车载终端和云端进行通信,实现车辆身份识别、特定目标检测及图像抓拍、广播实时交通信息及电子扣分等功能的电子装置。例如用于ETC(不停车收费)系统的读卡装置。道路基础设施负责将其覆盖区域的交通运行情况上传,以及从云端获取实时交通信息并广播给车辆。道路基础设施从所连接的车载终端上获取车辆信息、位置信息及行车信息,并上传到云端,由云端交通控制中心系统进行分析处理,从而形成实时交通信息,并将结果返回给道路基础设施,再由道路基础设施通过无线通信的方式发送到其覆盖区域的车载终端。道路基础设施可以由专门的装置完成路侧单元的功能,也可以借助智能路灯、公交电子站牌及智能信号灯等装置来实现。

通过以上分析可知:终端设备是整个车联网系统的载体,负责发送车辆的各项信息,同时接收来自数据支持平台的数据信息,并根据各种指令对车辆作出相应的控制,配合无线通信网络完成整个车联网系统的功能。

车载终端设备主要由无线发送与接收单元、信息融合与处理单元、加速度传感器、温度传感器、图像传感器、CAN总线、GPS模块、车速里程计、液晶显示屏、可扩展接口,以及语音呼叫设备等多种传感器和外部设备构成。

2. 管

管,即管道,指的是能实现融合通信及接入互联网的能力。管道主要用于解决车与车、车与路、车与云、车与家及车与行人等之间的互联互通,实现车辆自组网、移动通信网、无线局域网(wireless local area network,WLAN)及多种异构网络之间的通信,管道是车联网的保障。

无线通信网络是车载终端与数据支持平台信息交互的通道,其将车辆的位置、求救、图像、服务请求等信息准确实时地传回数据支持平台,将平台的应答、服务、控制等信息准确及时地传给车载终端。无线通信网络采用CDMA(code division multiple access,码分多址)/GPRS/3G多种通信方式结合的形式,可根据车辆及当地网络的实际情况进行选择,从而能够最快速、最经济、最准确地传递信息。

3. 云

云指的是云平台,云平台即允许开发者将写好的应用程序放在"云"里运行或使用"云"提供的服务的一种平台。车联网的云平台主要用于终端的接入和车辆的运行状态管理、交通状况管理、交通事件处理、车辆收费管理、交通信息管理、交通管制信息的发布、应用程序的发布等车联网的应用,以及数据存储、大数据分析与处理等,为驾驶员提供包括云导航、路况信息、停车管理等云服务。

云平台负责监听车载终端、道路基础设施等客户端发来的连接请求,并提供高效、稳定的数据处理、协议解析、消息转发等服务。云平台与客户端的交互通过请求和返回两种通信方式进行。云平台通过对不同的客户端及不同的系统之间的数据转发和数据格式转换,实现业务管理系统、服务支撑系统、呼叫中心系统、车辆管理系统、收费系统等不同系统之间的业务接入访问,以及实现对 APP(应用程序)、WAP(无线接入点)、SMS(短消息业务)、MMS(多媒体消息业务)、CallCenter(呼叫中心)等系统的支持。

2.2.3 车联网的工作原理

车联网是在道路交通的基础上,以车辆为中心,进行道路的利用率、道路交通安全的综合研究。作为主要的研究对象,车辆是移动的,移动的车辆通过多种无线通信方式实现车辆与一切事物相连,当存在多种无线通信方式时,不同的天线之间必然产生电磁波干扰,要求车联网具备高抗干扰能力和稳定性。因此,车联网具有移动性、无线性、及时性及稳定性等特点。

车载终端、道路基础设施通过无线通信方式构成一种车载自组织网络 VANET(vehicle ad-hoc network),通过无线通信链路传输数据,实现车辆(V2V)间通信,车路(V2I)通信及车与行人(V2P)之间的通信,通过道路基础设施与网络的连接实现道路基础设施与云端之间的双向通信,通过接入 2G/3G/LTE(long term evolution,长期演进)移动通信网络,从而使车辆具备访问互联网的能力,实现车与云端(V2C)间的双向通信。车联网工作原理如图 2-5 所示。

如图 2-5 所示,车载终端利用总线技术,通过 ECU(electronic control unit,电子控制单元)读取各个单元的传感器数据,并进行控制,从而实现车内通信;通过卫星定位模块和各种传感器读取车辆运行环境及位置等信息;通过无线通信模块和邻近的车辆、道路基础设施建立车载自组网,实现车与车(V2V)之间的通信、车辆与道路基础设施(V2I)之间的通信;通过移动通信模块接入互联网,实现车辆与云端及家的互联互通。道路基础设施通过移动通信模块接入互联网,向云端提供所覆盖区域的交通状况,并从云端获取交通信息;通过无线通信模块和其覆盖区域的车辆组建车载自组网,并将交通信息发送给网内的车辆。云端实时向车载终端或道路基础设施推送

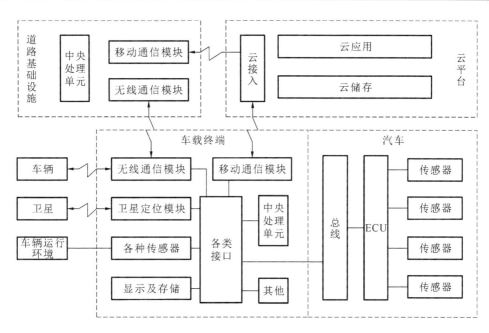

图 2-5 车联网工作原理

交通信息和与车辆有关的服务信息,并根据车辆和道路基础设施的请求,推送相应的信息。

1. 车与车(V2V)通信原理

实现车与车(V2V)之间通信的前提是参与通信的车辆必须安装车载终端,车载终端须内置无线通信模块和各种传感器,且车辆与车辆之间能组建车载自组网。如图 2-6 所示,当车辆 A、B、C 在车道上行驶时,三辆车的车载终端已自动运行,车辆 A 快速地和其通信范围内、同一方向行驶的后面车辆 B、C 之间建立车载自组网。

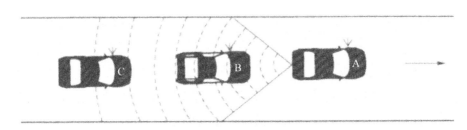

图 2-6 V2V 通信示意图

车辆 A 通过内置在车载终端上的超声波、雷达、激光、红外线及摄像头等多种传感器不间断地监测前方的道路状况,并对周边车辆的路径进行预测。当车辆 A 监测到有危险临近,如前方有障碍物、前方路面异常、前方车辆紧急制动等危险情况时,车辆 A 从正常行驶的车辆变为危险车辆,需要先减速并对其后的其他车辆进行提醒。

虽然车辆 C 被车辆 B 阻挡,其驾驶员无法看到车辆 A 紧急制动,但车辆 A 上的车载终端会将速度、位置及状态等信息封装成一个信息包并通过车载自组织网络实时广播给其后面的车辆 B、C,车辆 B、C 的车载终端接收到信息包后进行解包处理,根据信息包的内容通过声音等方式及时提醒驾驶员,则车辆 B、C 可根据前车的反馈信息及时地调整车辆的车速,从而帮助驾驶员消除视线盲区,提前感知道路状况,及时采取应对措施规避风险,提高行车安全。

2. 车与路(V2I)通信原理

道路基础设施内置了无线通信模块和移动通信模块。通过无线通信模块,道路基础设施与车辆上的车载终端构成一种 VANET 车载自组织网络,从而实现车辆的接入。通过移动通信模块,道路基础设施接入互联网,从而与云端交通控制中心互联互通。

车辆在行驶过程中,道路基础设施通过移动通信模块从云端实时获取天气信息、实时交通、交通信号信息、弯道速度提醒、超速提醒,以及其他车辆的行驶状况等信息,并通过车载自组织网络向其覆盖区域的车辆广播,车辆上的车载终端接收到广播信息后进行解包处理。例如,收到天气信息、交通信号信息、弯道速度提醒、超速提醒,以及其他车辆的行驶状况等信息时,车载终端以声音的方式通知驾驶员减速缓行,注意道路交通安全,避免由于天气及速度等原因引起的交通安全风险。例如,收到实时交通信息后,车载终端结合车载导航软件,动态规划行车路径,避开拥堵路段。同时,道路基础设施收集所接入车辆的行驶方向、速度、位置等信息,并将汇集的路况数据实时传输到云端交通信息中心,由交通信息中心进行分析、加工、处理,形成实时交通信息,再返回给道路基础设施。

车与路通信的另外一个典型应用场景为 ETC 不停车收费系统,其工作原理如下。

用户先要预交通行费或设立付费账户,将交费或账户信息存入车载终端,并完成车载终端的安装。道路基础设施通过网络连接到云端收费管理系统,收费管理系统根据收费标准和账户信息的变化不定期给道路基础设施推送收费标准和账户异常信息。当车辆进入收费站时,按规定车速进入不停车收费通道,道路基础设施通过无线通信方式与车载终端进行通信,道路基础设施读取车载终端中的车辆信息和车型信息,计算通行费用,如果车主的专用账户正常,则道路基础设施自动从账户中记录本次通行费用,并控制收费通道的电子栏杆,实现车辆的放行。

每次收费操作完成后,道路基础设施将收费操作的相关信息通过网络传输到收费管理系统。收费管理系统对预交费车辆的费用信息进行分析汇总,并生成相应的报告。对于设立付费账户的车辆,收费管理系统将费用信息汇总后生成转账清单向金融机构请求支付。如图2-7所示,当安装有车载终端的车辆在车道上行驶时,车辆与道路基础设施之间建立车载自组网,此时道路基础设施可获取所覆盖区域的道路交通状况,车辆可从道路基础设施获取交通信息、天气信息等。如在收费闸口,道路基础设施可识别通过的车辆,实现不停车收费。

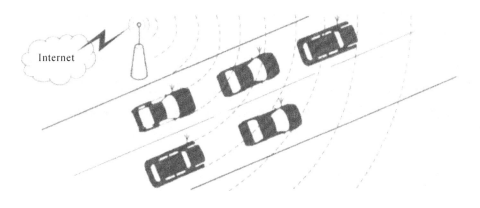

图2-7 V2I通信示意图

3. 车与云(V2C)通信原理

先要根据车载终端所使用的无线通信模块确定车载终端所采取的通信制式,根据终端的通信制式在电信运营商开通相应的资费卡,并将资费卡装入车载终端,保证车载终端的联网能力。车辆启动后,车载终端进行拨号上网,通过接入电信运营商的移动通信网络,车辆就具备了访问互联网的能力,就可以实现数据传输及访问互联网。

在车辆行驶过程中,车载终端实时获取车辆信息,通过传感器获取车辆的运行状态信息,通过ECU采集车辆信息,通过卫星定位模块采集车辆位置信息,将车辆信息、位置信息,及状态信息进行封包并通过移动通信网络实时发送到云端通信接入系统;通信接入系统对接收到的数据包进行相应的解析,把解析后的数据交与应用服务系统进行处理;应用服务系统将收到的数据进行实时分析、整理并保存到数据库,从而形成车辆的运行情况、行驶轨迹、油耗数据、驾驶员的驾驶行为、维修计划等内容。当驾驶员或车队管理者需要查看车辆运行情况时,车载终端可根据服务提供商提供的客户端软件,如Web应用、手机APP,以直观的方式将车辆的运行情况、车辆技术状况、驾驶操作情况等信息展现出来。

车辆行驶过程中如果驾驶员需要请求服务,驾驶员可通过语音或手动操作车载终端的方式,向服务中心发起服务请求。此时,车载终端将车辆的位置信息及状态信息进行封包并发送给云端,云端的通信接入系统对接收到的数据包进行相应的解析,把解析后的数据交与应用服务系统进行处理,应用服务系统处理收到的数据并查找数据库,得到驾驶员所需的信息。应用服务系统如果要与呼叫中心服务人员交互,则发送数据到服务人员工作终端,由服务人员进行处理;否则,应用服务系统将驾驶员所需要的信息发送给通信接入系统,通信接入系统对以上信息进行封包并发送给车载终端,车载终端接到数据包后进行相应的解析,根据解析后的数据进行任务响应并呈现给驾驶员。如图 2-8 所示,当车辆上安装了车载终端时,车辆与云端实现互联互通,驾驶员可通过车载终端向云端的服务中心获取出行有关的人工服务,也可通过云端获取与出行有关的自动服务。云端服务中心可实时监控车辆的行驶情况,并能实时调度车辆。相关人员可通过手机应用软件或通过计算机查看车辆的当前位置。

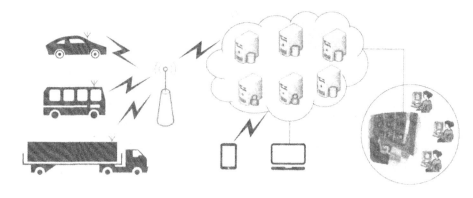

图 2-8 V2C 通信示意图

2.3 车载终端

2.3.1 车载终端的现状及发展趋势

车载终端作为车联网的入口,是用户使用车联网服务的载体。用户了解车联网,基本是通过车载终端开始的,尤其是车载导航,其显示屏成为除电视屏幕、手机屏幕、计算机屏幕之外的"第四屏"。

随着汽车与互联网的紧密融合,消费者对于汽车的要求将不再是单纯的交通工具,如何做好车载终端,关乎着未来的车联网发展。苹果推出 CarPlay、谷歌(Google)推出 Android Auto、百度推出 CarLife+,以及阿里巴巴推出 YunOS——这些科技巨头之所以不约而同地推出各自的解决方案,其目的很明确,就是在车载终端上形成自己的标准,而特斯拉 Model S 车内中控台及仪表板配备的超大尺寸液晶显示屏将这种想象空间无限放大。由于车载终端目前还没有真正实现大规模的联网,因此,车载终端这个第四屏已经成为企业争夺的地盘。

车载终端按功能可分为以下五大类。

第一类,基于卫星定位技术,具备移动通信能力,可实现车网互联及汽车定位功能的终端,包括定位终端、汽车追踪器、电子狗等。

第二类,基于卫星定位技术,具备移动通信能力,可实现车网互联及可采集车辆发动机等相关数据的终端,包括 OBD(on-board diagnosis,车载诊断系统)、T-BOX (Telematics BOX)及 HUD(headup display,平视显示器)。

第三类,基于卫星定位技术,具备高清数字显示屏,可实现导航影音娱乐功能及车内通信功能,可以人机交互的信息终端,包括车载导航终端、PND(portable navigation devices,便携式导航设备)、后视镜导航。

第四类,车载单元,具备专用短程通信功能,可以实现车载自组网功能的设备。

第五类,基于卫星定位技术,可实现车网互联、车车通信、车路通信、车内通信及可采集车辆相关数据,可以人机交互的车联网终端。

由此可见,终端的形态复杂多样,琳琅满目,但以上所罗列的具体终端未必都仅是车联网终端,因为车联网终端有一个统一的特点,就是可以实现车车、车路及车云之间的通信,并具备访问互联网的功能,所以无论是何种产品形态,总之车联网终端都要实现车与车、路及云端之间的互联互通。

1. 车载导航终端

车载导航终端是安装在车辆中控台上面,集成了卫星定位系统、收音机、蓝牙及视频处理模块,能为驾驶员和乘车人员提供导航、通信、无线上网、位置共享、即时交流、影音播放、车辆检测、可视化倒车等功能的车载主机。车载导航又分车载 DVD 导航及无碟机导航。车载 DVD 导航支持 CD 及 DVD 播放功能。随着技术的不断发展和消费需求的变化,车载导航发展经历了三个不同的阶段。

1) 第一阶段

第一阶段(1996 年之前)由于汽车电子技术发展的制约,参与研发的厂商比较少,且集中在发达国家和地区,如欧美和日本。这个阶段具有代表性的是日本的电子企业,如先锋、索尼、松下、阿尔派、三菱、建伍等电气公司,终端价格高昂,因此,汽车厂商只为其少数高端车型配备,终端在整个汽车市场的占比非常少。这个阶段的车载导航终端在最初的时候只能报告驾驶员所在位置、预期到达的目的地及车辆行驶方向是否正确。随着技术的不断发展,车载导航终端逐渐实现了智能化,可以通过车载导航终端显示地图或进行语音提示,从而为驾驶员提供最优的行车路线指导。

其原理如下:先通过车载导航终端的 GPS 天线及 GPS 接收模块接收来自地球上空的 GPS 卫星所传递的数据,以此来测定车辆当前所处的位置,终端将 GPS 卫星所确定的位置坐标与存储在 CD/DVD-ROM(CD/DVD-read only memory,只读光碟)中的电子地图数据进行匹配,从而确定车辆在电子地图中的准确位置,然后车载导航软件根据驾驶员的目的地,通过电子地图自动计算出最合适的行车路线,并将行车信息及行车规则通过车载导航显示屏传递给驾驶员,在车辆行驶过程中提醒驾驶员按照车载导航软件所规划的路线行驶,一旦车辆偏离路线,车载导航软件会重新计算并规划路径信息。在整个行驶过程中,驾驶员只要按照车载导航系统的语音提示就能准确、快捷地到达目的地。

2) 第二阶段

第二个阶段(1996—2004 年)的车载导航终端比第一阶段的更加智能,除了具备第一阶段的车载导航功能之外,增加了更多的如 VCD(video compact disc,小型影碟)/DVD、电视等多媒体的播放功能。在导航方面,除了具备电子地图显示和电子语音提醒功能外,还增加了前方转向提示信息,也就是对于一些重要、复杂的交通路口,能提前在屏幕上显示路口的放大地图,并用醒目的提示信息指引正确的行驶方向。

这个阶段,导航电子地图形成了一定的标准,主要有欧盟的 GDF 格式(Geographic Data File)、日本的 KIWI 及美国的 NAVTEQ。这些标准用于明确如何存储详细的道路、道路附属物及交通信息,用于描述和传递与路网和道路相关的信息,并规定了在导航应用时获取数据的方法,以及如何定义各类特征要素属性数据和相互关系。标准的制定解决了电子地图数据的存储格式,从而满足了嵌入式应用快速、精确和高效的要求,同时为车载导航及智能交通系统的建设提供了基础。此外,这些国家和地区对地图数据采取开放政策,大大促进了导航市场的发展。这个阶段电子地图的存储方式发生了很大的变化,SD 卡(安全数码卡)成为主流。车载导航市场上,欧美、日本等发达国家和地区的企业依然占主导地位,终端价格相对第一阶段大幅下降,汽车厂商也开始为其不同车型的车辆配备终端,车载导航逐渐普及。

3) 第三阶段

第三个阶段(2004—2010 年)的车载导航终端除了具备 VCD/DVD、电视等多媒体播放、导航之外,还增加了可视化倒车、轨迹倒车及蓝牙电话等多个功能,导航终端越来越智能化,已经发展成为车载多媒体导航影音终端,而车载操作系统主要以 QNX 和 WinCE(Windows CE)为主。随着导航系统越来越人性化,导航系统中的语音提示内容越来越多,录制的语音文件非常庞大。在这种情况下,采用语音合成技术可减少语音文件的存储量。因为语音合成技术可以把提示的文本生成声音信号与驾驶员交流,并可适应动态提示的需要。因此,语音合成技术在这个阶段全面应用于导航终端。

这个阶段车载导航的功能更加丰富,除了传统的导航之外,有的企业还推出了实景导航及三维地图导航,并且有的企业还推出了本地化的语音识别功能。通过辨别操作者的声音信号以确定其语义,并根据相关的指令自动控制终端的操作,在终端上装有语音识别系统,能大大降低驾驶员对显示屏的扫视时间和扫视频率,有助于提高驾驶安全性。在这个阶段,我国的企业全面进入车载导航领域。虽然之前国内企业也涉足车载电子领域,但更多的是以汽车音响为主,厂商提供的也是车载 VCD/DVD 播放机,并没有进入导航领域。

随着车载导航的不断发展,国家基础地理信息中心也开始参照 GDF 格式制定了适合我国国情的国家导航电子地图标准,在导航用空间数据库数据模型,数据收集、处理和维护方法等方面都出台了相应的规范。国家标准的出台大大促进了我国车载导航产业的发展。随即涌现了一大批从事导航电子地图的企业,如畅想、城际通、灵图、四维图新、高德、凯立德等企业。导航和电子地图企业的蓬勃发展促进了国内导航产业的全面发展。国内车载厂商也开始通过在车载 DVD 上外挂导航盒及 PND 的产品形态,进军车载导航领域。在这个阶段初期,车载导航市场中依然是欧美、日本等发达国家和地区的企业占主导地位,车载导航的市场主要还是汽车厂商通过出厂时为其不同车型的车辆配备导航系统,汽车厂商全面占据车载导航的话语权,这也是业界所描述的前装市场。

由于当时导航、影音类娱乐设备并未成为汽车的主要卖点之一,汽车厂商为了成本控制,并未重视车载导航的发展,这种现象一直持续到 2007 年。2007 年以后,城市的快速发展、道路状况日益复杂、国内汽车产业的蓬勃发展及汽车的普及,加速了市场对道路导航的需求,给后装汽车市场留下了增长的空间。国产车载导航软/硬件的研发成功,使得由汽车厂商主导的前装车载导航市场及部分日本企业主导的汽车后装市场发生彻底改变。

一方面,外置的便携式导航不具备整体性和便捷性,而国外的车载导航终端价格非常高且外形与原车不适配、协调性差、安装困难;另一方面,国外的导航产品不符合我国消费者的操作习惯,因此,我国的导航产品逐渐通过"专车专用"的形式进入后装市场,使国内车载导航行业的发展全面提速。专车专用车载导航就是在指定的车型上安装与使用的车载导航终端,换句话说,就是针对某种车型("专车")而研发出来以供安装使用的导航终端。该终端只能使用在该车型中而不能通用到其他车型中,所以称为"专用"。由于是专车专用,因此终端贴合原车风格,匹配原车总线,安装简单无损,功能实用。随着专车专用导航终端在技术上的不断发展,无论是在操作习惯、实用性,还是性价比方面,其都大大超出了前装导航产品,迅速得到市场的认可。

和前两个阶段所不同的是,后装市场车载导航终端的销量以压倒性的优势全面领先前装市场。因此,专车专用成为车载导航行业发展精准的切入点和转折点,使车载导航行业得到了蓬勃的发展,并奠定了车载导航产品发展的里程碑。"专车专用"这个我国企业提出的概念越来越受到世界各国和地区,尤其是俄罗斯、中东、南美等地区及国家的青睐。

4) 第四阶段

第四个阶段(2010年至今)就是车联网阶段,终端厂商除了在终端上逐渐使用Android(安卓)操作系统之外,也开始与ADAS(高级驾驶辅助系统)、OBD、胎压传感器、行车记录仪等多种外部设备连接。因此,这个阶段的终端已不是传统意义上的终端,而是一个车载信息平台。终端除了能为驾驶员带来舒适的娱乐体验之外,还能为驾驶员带来安全、便捷的操作体验。

路畅集团推出的"百变T800"品牌就标配ADAS和行车记录仪,如图2-9所示,支持360°3D全景功能,支持一键通语音导航等车联网功能。百变T800终端通过安装在车辆上的摄像头等多种传感器,在汽车行驶过程中随时感应周围的环境,根据行车速度、前车的远近、前车的大小等多个因素判定与前车的距离及赶上其所需耗费的时间,并在终端屏幕上通过不同的颜色展现:绿色代表在安全距离以内,红色表示需要注意保持车距,以免发生追尾。例如,驾驶员在没打转向灯的情况下偏离了原来的行驶轨迹,终端屏幕会用红色的线条清晰地标注出来,便于及时纠正。通过将行车信息清晰直观地呈现并辅以语音提醒,百变T800终端预先让驾驶员察觉到可能发生的危险,有效地增加汽车驾驶的舒适性和安全性。该终端整合了GPU(graphics processing unit,图形处理单元)处理芯片,从而支持OpenGL(open graphics library,开放式图形库)的图形处理,画面的拼接效果更完美。由于百变T800终端支持360°3D全景功能,因此通过手指滑动屏幕,可以有效进行立体三维图片的翻转,可以从各个方向观察汽车周边,对于汽车的停靠位置能够做到清晰的呈现,提高了停车的方便性与安全性。

图 2-9　百变 T800 之 ADAS 示意图

在车联网时代,车载终端不仅具备导航和娱乐功能,还能提供实时通话、在线诊断车辆、在线享受音乐、在线购物、在线商旅、在线报险、紧急救援、互联网广播电台、位置共享、即时社交停车场当前停车位查询等服务。更重要的是,终端开始支持 ADAS 和 360°3D 全景功能。在导航方面,车联网时代的导航可一键接通服务中心电话,由服务中心查找目的地,解放了驾驶员的双手。"好友指路"功能也避免了由于对地点的描述不清或地图上信息点不足而无法规划路径的缺陷。动态规划功能根据实时交通信息实现"疏堵式"导航,自动避开堵车路段。地图的增量更新功能,告别了以往地图升级需要取卡复制数据的麻烦,通过增量更新,服务商向终端发布导航电子地图变化信息,根据用户的情况生成满足用户需要的增量更新数据,并发送给终端,终端接收增量更新数据后进行终端地图的更新。

车联网终端目前有多种联网方式:第一种是直接通过内置在终端中的无线通信模块实现联网功能;第二种是依托外挂的可通信的盒子或上网卡实现联网功能;第三种就是依托手机 Wi-Fi 热点实现联网功能;第四种是通过手机映射,实现联网功能。与前面三种所不同的是,第四种联网方式将手机的全部功能映射在终端的屏幕上从而进行操作。这种方式也有不同的互联方案,分别为 MirrorLink、Miracast、APPLink、CarPlay、Android Auto 及 CarLife+等方案。由于自带通信功能的车联网终端内置无线通信模块,这势必增加终端硬件成本及用户使用时的通信成本,因此手机映射方案可在更大程度上利用用户现有的手机实现联网,这样既可以降低车联网终端本身的成本和服务成本,又可以实现车联网的一些功能,并能将用户不在线(车联网终端未启动或车未行驶)的时间吸引到互联网上来,通过互联网为用户提供不同的增值服务。

MirrorLink 是由一些国际性知名手机厂商和汽车制造商联合发起并建立的一种车联网标准,旨在规范智能手机和车载系统的有效连接,并形成良好的用户体验。采用此标准,手机通过 USB(universal serial bus,通用串行总线)、蓝牙或 Wi-Fi 和车载导航终端互联时,手机端通过 APP 软件将操作界面传输到车载屏幕上,可实现对特定应用软件的手机和车机的双向控制,使用户在汽车行驶过程中不用看着手机屏幕、触摸手机屏幕或操作手机按键,只需用车载上的物理按键或语音命令来控制手机,包括接听/拨打电话、听手机音乐、用手机导航等。MirrorLink 在 2012 年一度被很多车载导航厂商所关注,只是到后来因为 Android 终端市场的低迷、支持的手机类型较少及其他一些原因而逐渐淡出了业界的视线。

Miracast 是 Wi-Fi Alliance(Wi-Fi 联盟)于 2012 年 9 月宣布启动的 Wi-Fi CERTIFIED Miracast 认证项目。Miracast 设备提供简化发现和设置功能,用户可以迅速在设备间传输视频。该技术与认证项目由 Wi-Fi 联盟中的移动与消费性电子设备制造商及芯片厂商共同制定。由于 Google 与微软对 Miracast 的力挺,加上在传输速率方面 Miracast 比 MirrorLink 更胜一筹,Miracast 的前景被十分看好。

APPLink 是福特公司 SYNC 系统中的一个应用程序,可以实现 SYNC 车载信息系统与手机 APP 互联的功能,允许驾驶员使用智能手机上的应用对汽车内部进行控制。APPLink 主要根据消费者的手机来确定使用的平台,支持苹果 iOS 和 Android 系统。

CarPlay 是苹果公司发布的车载系统,可实现用户的 iOS 设备与仪表板系统无缝结合。只要将用户的 iPhone 连接到启用了 CarPlay 的汽车,就可支持"电话""音乐""地图""信息"和第三方音频应用程序,并可通过 Siri、汽车触摸屏进行控制。CarPlay 仅支持拥有 Lightning 接口的 iPhone 手机。另外,虽然 iPad(平板电脑)已经支持这一接口,但是苹果并未将 iPad 列为 CarPlay 支持的硬件设备。

Android Auto 是 Google 推出的专为汽车设计的解决方案,其适用设备主要面向使用 Android 系统的手机,手机通过 USB 线连接到车载设备。Android Auto 旨在取代汽车制造商的原生车载系统,来执行 Android 应用与服务,并访问与存取 Android 手机的内容。目前能够与 Android 设备整合的几项功能有:语音操作、Google Now 个人智慧助理、Google 卫星定位与语音导航及透过 GooglePlay 或 Pandora、Spotify 等音乐应用存取音乐。鉴于谷歌公司新的全球策略,任何支持 Android Auto 的设备都会力求保持同样的 HMI(human-machine interaction,人机交互)风格,对于各大车厂来说这无疑是个好消息。目前 Android Auto 是通过 USB 与车机连接的,由于 Google 对 Miracast 的力挺,未来其是否支持 Wi-Fi 或 Mirocast 的方式来连接,在技术上都不是问题。

CarLife＋是百度推出的车联网产品,也是国内第一款跨平台的车联网解决方案。CarLife＋可以非常好地支持 Android 和 iOS 智能操作系统。在车机端,无论是 Linux、QNX 还是 Android 操作系统,CarLife＋都可以完美适配。在用户端,CarLife＋能够覆盖 95% 以上的智能手机用户。CarLife＋目前最重要的三大功能是地图导航、电话、音乐。CarLife＋以百度地图为核心,能为用户提供准确的路线规划、地点查询、路程估算,帮助用户查找目的地,避开拥堵,还能随时随地更新地图数据。

2. PND 终端/平板

PND(便携式导航设备)是能为驾驶员和乘车人员提供导航、通信、无线上网、位置共享、即时交流、影音播放等功能的便携式电子设备(见图 2-10)。PND 是手持及车载两用导航设备,是导航和丰富的附加功能的结合体,不仅附加有生活、旅游信息,而且有娱乐、商务扩展功能。

图 2-10 便携式导航设备

PND 是在车载导航发展的第三阶段初期出现的。在当时的情况下,国外的车载导航设备价格高昂,且与原车适配性差,因此 PND 设备应运而生。在全球市场,由于日本在车载导航系统的开发与销售方面起步最早,因此,日本车载导航的发展与其汽车工业的发展基本同步,所以在日本市场,车载导航终端的普及程度很高。这一现象也影响了 PND 这种消费类电子导航产品的市场发展空间。在欧洲和北美地区,

PND的发展非常迅速,因为这两个地区消费类电子导航产品与车载导航产品出现的时间较为接近,而欧美庞大的汽车保有量为电子导航产品提供了足够的市场空间。在国内,PND导航产品其高性价比得到了大规模的应用。PND产品从最初的纯导航发展到后来的具有多媒体功能,随着技术的不断发展,PND上又增加了蓝牙、FM调频发射、倒车可视、游戏、数字移动电视(CMMB)、无线通信、Wi-Fi、TMC(交通信息频道)等功能。随着智能手机的不断发展,全球PND市场开始萎缩,PND已被智能手机所代替。

3. 后视镜导航

后视镜导航是便携式导航与后视镜的结合,能为驾驶员和乘车人员提供导航、通信、无线上网、位置共享、即时交流、影音播放、行车记录、可视化倒车等功能。后视镜导航的产品有两类:一种安装时用支架卡在原车后视镜上;另一种利用专用支架替换原车后视镜。由于车载导航市场竞争加剧,运营成本高,利润低,产品同质化严重,因此为追求差异化路线,产生了后视镜导航的产品形态。相对于车载导航产品,后视镜导航产品成本低、利润较高。对产品制造商而言,后视镜导航产品模具数量少、模具简单,研发生产人员所产生的人工成本及产品的运营成本相对较低。目前后视镜导航产品大部分采用Android操作系统,带有联网功能,且功能人性化、方便升级、可扩展性强。后视镜导航基本都内置行车记录仪,也符合当下消费者的需求。后视镜导航产品安装简单方便、通用性好,不改变原车线路,能保持原车完整性。由于后视镜导航的通用性好,因此其产品形态适合各种车型。对经销商、代理商而言,经营后视镜导航产品无须针对某个车型备货,不会因为车型的销量问题而导致库存积压,这样减少了库存,大大降低了专车专用车型繁多、需要大量后视镜导航产品库存的风险。

4. 定位终端

汽车定位终端是安装在汽车内部隐蔽处,集成了卫星定位技术和无线通信技术,具备实时查看车辆位置和状态、监控车辆、远程监听、电子围栏、防盗报警、远程控制车辆等功能的电子设备。在乘用车市场,定位终端主要应用于车辆的防盗。服务提供商针对乘用车的服务主要包括即时查询车辆位置、车辆的跟踪定位、网上查车、一键求助、远程断油断电、防劫紧急报警、远程监听、自主/远程遥控设防/撤防、车门非法打开报警、非法启动报警、车门未关提示、遥控开关车门、遥控紧急报警、中控锁自动化(制动锁门、熄火开锁)、车载全免提通话等。在商用车(出租车、公交车、长途客运车、危险品运输车等)市场,定位终端主要应用于道路交通管理,规范道路运输经营行为;另一方面,对于企业而言,通过对车辆的实时在线调度,提高了车辆的利用率,减少了车辆的空驶率,降低了企业的运营成本。

5. 车辆追踪器

车辆追踪器是放在汽车内部隐蔽处,集成了卫星定位技术和无线通信技术,具备实时查看车辆位置和状态、监控车辆、远程监听、电子围栏、移动报警等功能的电子设备(见图2-11)。和汽车定位终端不同,车辆追踪器通过自带电池给终端供电。

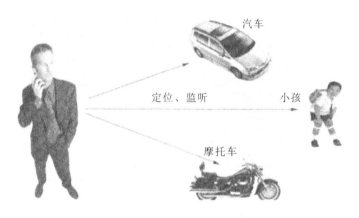

图 2-11 车辆追踪器

6. 车载诊断系统(OBD)

OBD是具备对车辆进行故障诊断、异常监控、车况数据上传、油耗分析、里程统计等功能的车载设备。早期的OBD与车联网没有任何关系,主要用来监控尾气排放和诊断车辆故障。OBD通过各种与排放有关的部件信息连接到电子控制单元(ECU),ECU具备检测和分析与排放相关的故障的功能。当出现排放故障时,ECU记录故障信息和相关代码,并通过故障灯发出警告,告知驾驶员。

ECU通过标准数据接口保证对故障信息的访问和处理。维修人员通过标准的诊断仪器以故障码的形式读取相关信息。根据故障码的提示,维修人员能迅速、准确地确定故障的性质和部位。移动互联网的快速发展和UBI车险(基于车主驾驶行为及使用车辆相关数据可量化的保险)的出现,促使OBD产品登上车联网这一舞台。目前OBD有三种产品形态:第一种是基于保险车联网的OBD终端,这种终端目前都是内置2G/3G/LTE的无线通信模块;第二种产品形态是通过蓝牙的方式与手机APP连接,从而实现对车辆的故障诊断等功能;第三种是基于串行通信的OBD终端,这种终端主要作为一个传感器或外部设备与车载导航终端、后视镜导航终端、HUD等产品连接,实现车辆的故障诊断、油耗分析等功能。

目前国内汽车厂商也推出了类似于 OBD 车载诊断系统的相关产品,称作 T-BOX。和 OBD 车载诊断系统所不同的是,T-BOX 实现了与 CAN 总线的高度集成,用户可对车辆进行远程控制,如远程启动车辆、远程打开空调等。

7. 平视显示器(HUD)

HUD 是一种已经成熟应用于飞机的显示技术,其成像原理如图 2-12 所示。

图 2-12 平视显示器成像原理

HUD 是利用光学反射的原理,将重要的飞行相关信息投射在一片玻璃上。这片玻璃位于座舱前端,高度大致与飞行员的眼睛水平,投射的文字和影像调整在焦距无限远处,飞行员不需要低头查看仪表的显示与资料,始终保持抬头的姿态,降低抬头与低头之间忽略外界环境的快速变化及眼睛焦距需要不断调整产生的延迟与不适。HUD 的方便性,可避免飞行员注意力中断及丧失对状态意识的掌握,大大提高了飞行安全性。

目前汽车后装市场也以类似的原理推出了相应的车载设备(见图 2-13)。这类车载设备,通过外接 TPMS(胎压监测系统)、OBD 等多种传感器,可实现对车辆进行实时故障诊断、胎压监测等功能;根据直接投影显示到汽车前风窗玻璃的原理,降低了车辆高速行驶中驾驶员低头查看中控屏幕而引发事故的风险。

目前市场上的 HUD 有两种产品形态:一种是内置 2G/3G/LTE 的无线通信模块和卫星定位模块,可实现联网功能;另一种没有内置通信模块和卫星定位模块,只有显示功能。

8. 驾驶安全预警仪

驾驶安全预警仪又称电子狗,是一种集成了雷达探测器、卫星定位模块、中央处理器和智能测速预警系统的车载装置(见图 2-14)。

第 2 章　车联网的结构与技术体系　　45

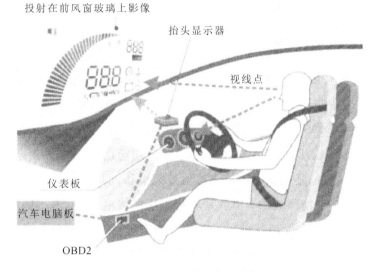

图 2-13　HUD 在汽车上的应用

电子狗有固定测速和移动测速两种工作方式。固定测速通过卫星定位接收模块获取车辆当前的位置信息,与储存在设备中的固定测速电子眼位置数据进行对比,从而提前提醒驾驶员前方有测速电子眼。移动测速通过设备中的雷达探测器进行探测,当设备接收到雷达信号后,马上报警,提前提醒驾驶员前方有电子眼或测速雷达等测速设备,防止驾驶员因为超速等违规而被罚款或扣分。

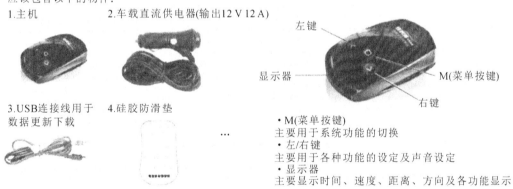

图 2-14　驾驶安全预警仪

驾驶安全预警仪(电子狗)按是否具备无线通信功能分为普通驾驶安全预警仪(普通电子狗)和云驾驶安全预警仪(云电子狗)等。云驾驶安全预警仪内置无线通信模块,可与云端进行联网。通过移动通信网络,可实时更新固定测速电子眼的位置数据,并可实现电子眼数据的分享、车辆的定位、行车轨迹查询。此外,驾驶员可采集缺漏的固定测速数据,并自动上传至云端等。

2.3.2 各类终端的技术现状

对于不带导航功能的终端,如汽车卫星定位终端、OBD、车辆追踪器、HUD、驾驶安全预警仪,其产品核心是单片机+传感器,采用 ST 及 NXP 的芯片作为 MCU(微控制单元),采用 uC/OS 及 Linux 作为嵌入式操作系统。对于导航终端,如车载导航终端、后视镜导航及 PND,其产品相对于不带导航功能的终端更具复杂性,除了具备基本的核心 CPU 之外,还用 MCU 作为其他外部设备的控制设备。车载导航终端分为两类:一类是汽车厂商预装的,也就是前装市场的终端,这类终端的车载操作系统以 QNX 和 WinCE 为主,少部分自主品牌的车型采用 Android;另一类是第三方的车载导航产品,也就是后装市场,这类终端的操作系统以 WinCE 和 Android 为主。后视镜导航和 PND 以 Android 操作系统为主,以 WinCE 为辅,如图 2-15 所示。

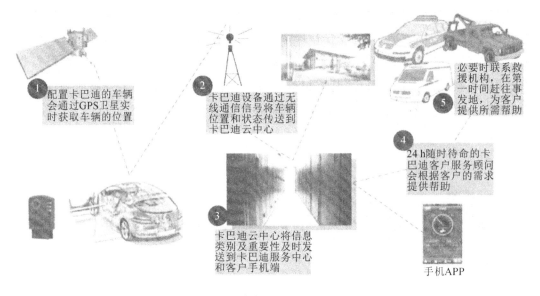

图 2-15 车载导航终端卡巴迪

苹果和谷歌陆续进入车联网行业。国内在车联网终端方面,百度起初推出了 CarNet,之后又推出了 CarLife+;腾讯也先推出路宝盒子,之后又推出腾讯车联开放平台(Tencent automotive services),发布了车联 ROM、车联 APP 及通过微信、QQ 连接汽车的 MyCar 服务;阿里巴巴推出了 YunOS 操作系统。

互联网企业进入车联网势不可挡,但是入驻汽车中控难度较大,因为很难绕过 QNX 这道关。QNX 是汽车行业最大的操作系统供应商。据不完全资料显示,QNX

在车用市场占有率达到75％，全球有超过230种车型使用QNX系统，包括哈曼贝克、德尔福、大陆、通用电装、爱信等知名汽车电子平台都是在QNX系统上搭建的。几乎全球所有的主要汽车品牌包括讴歌、阿尔法·罗密欧、奥迪、宝马、别克、凯迪拉克、雪佛兰、克莱斯勒、戴姆勒、道奇、菲亚特、福特、通用、本田、悍马、现代、英菲尼迪、捷豹、吉普、蓝旗亚、马自达、奔驰、宝马mini、三菱、尼桑、欧宝、庞蒂克、保时捷、萨博、土星、双龙、丰田和大众等都采用了基于QNX技术的系统。苹果的CarPlay车载系统实际上也是基于黑莓QNX平台上的，谷歌的车载Android系统未来也很可能将会依托QNX运行。据说福特也曾考虑放弃与微软的合作而选择黑莓QNX作为其同步平台。从这些数据、事例不难看出QNX在汽车领域的影响力。由于汽车本身的安全因素要求操作系统的稳定性非常高，因此，在汽车前装市场，汽车厂商推翻现有的方案直接用iOS或者Android的可能性非常小。

从国内汽车后装市场的格局看，虽然WinCE在汽车后装市场的车载操作系统里占绝对优势，但WinCE也只适合作为单机的操作系统，显然不适合车联网时代的发展。目前在移动端的操作系统中，iOS和Android走在最前面，iOS不好整合，最好的选择就是车机版的Android操作系统。车联网企业只有定制出真正的适合车机的操作系统，才能握住车联网的主导权。虽然车联网服务提供商是产业的核心，但其前提是有标准化的终端，终端操作系统不统一，服务的落地就缺乏相应的载体。

Android已经成为一款标准的物联网操作系统。各种移动芯片、传感器都可以很好地兼容Android，开发者现在可以对Android进行定制，使之应用于任何设备。随着Android的不断发展，无论是有屏的导航终端还是无屏的其他终端，未来更多的终端将采用Android操作系统。尤其对于无屏的终端，实现远程升级功能比较复杂，Android系统功能强大、联网方便且便于升级。对于企业而言，原来只能靠嵌入式软件工程师来实现的功能，现在手机应用软件开发人员也可对终端进行开发，大大降低了开发成本。

在车联网时代，终端（见图2-16）将不再是功能单一的车载设备，而是实现汽车主动安全的一个信息平台。终端将外挂多种传感器，如摄像头、OBD、胎压传感器、雷达预警等，从而给驾驶员带来更多的安全、便捷的体验。在主动安全方面，近几年ADAS逐步被国内市场所接受，尤其是环视泊车辅助系统，也就是360°泊车系统，通过多摄像头可采集车辆四周的图像，并以虚拟俯视图的形式在终端屏幕上显示，视角会根据行车轨迹而动态移动，提供车辆四周360°的画面，扫除倒车的盲点。

经过一段时间的发展，这些技术已得到消费者的认可，相信未来会有更大的市场

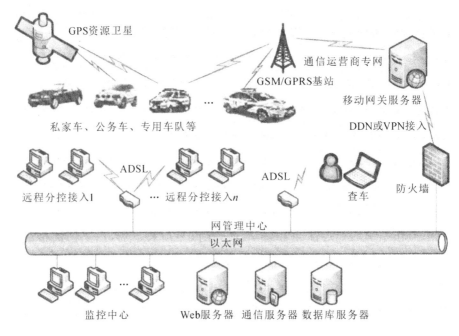

图 2-16 车联网终端

空间,未来的车联网终端将逐步集成这些技术。

综上所述,未来车联网终端的发展一定会集中在主动安全和行车便捷方面,而车联网终端必须具备高性能、高集成度和低功耗等特点。

第 3 章 车联网的关键技术

3.1 数据采集技术

数据是车联网得以存在的基础,数据采集技术也是较为复杂的一门技术,涉及多方面的技术,因此,数据采集技术是车联网的关键技术之一。车联网的数据采集分为两大部分:一部分是针对整车数据的采集;另一部分是针对车外数据的采集。

3.1.1 整车数据的采集

整车数据的采集主要是指对汽车电子系统数据的采集。汽车电子系统包括动力系统、底盘系统、车身安全系统及车载信息系统四大部分。这四大部分统一由电子控制单元(ECU)控制及调度,因此,整车数据的采集,必须从 ECU 采集这四大系统所有的传感器数据及开关信号开始。从 ECU 采集数据,就涉及汽车的总线技术,如 CAN 总线、LIN(local interconnect network,局域互联网络)总线、MOST(media oriented system transport,面向媒体的系统传输)总线及大众车系用于检测系统的 K-Line 总线技术。例如,通过 OBD 接口,从 CAN 总线或 K 线读取车辆的故障码,对车辆进行诊断,并获取车辆的冷却液温度数据、排放数据、油耗数据、里程数据及驾驶员急加速、急减速等驾驶行为数据,通过对这些数据进行加工处理,为驾驶员提供安全的驾乘环境。对于车门未关提醒,可从低速 CAN 总线或 LIN 总线获取落锁信号,通过分析这些数据,及时地给驾驶员发送车门未关提醒。通过检测 ACC(adaptive cruise control,自适应巡航控制)电源的状态,可以判断车辆是否非法开启,从而实现车辆远程防盗功能。车载终端可通过胎压传感器采集车辆的胎压数据,对胎压的检测有利于驾驶员的行车安全。

汽车感知技术是车联网最关键的技术,车用传感器是车联网的末梢神经。汽车内的重要部位上安装很多不同用途的车用传感器(见图 3-1),专门监测这些重要部位的工作状况,及时以电信号方式向车用微机传输关于车的实时状况信息,以供驾驶员分析判断车的状况。车内感知技术涉及的关键技术主要包括汽车传感器技术、CAN 总线技术和模糊控制技术等。车内感知示意图如图 3-2 所示。

1. 常见汽车传感器

汽车传感器技术是促进汽车高档化、电子化、自动化发展的关键技术之一。汽车行业已经成为传感器的最大"用户"。由于汽车传感器技术相对于汽车行业传统的机械和电气技术发展得较晚,因此世界各国对汽车传感器的研究、开发、性能、尺寸与价

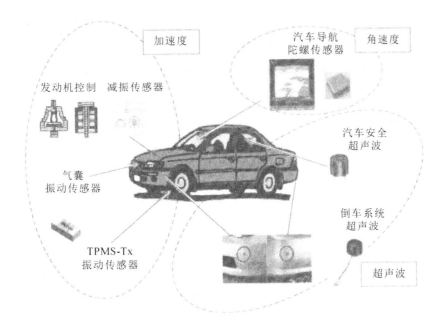

图 3-1 车用传感器

图 3-2 车内感知示意图

格都非常重视,其技术进步非常迅速。衡量现代高级轿车控制系统水平的关键就在于其传感器的数量和水平。

汽车传感器作为汽车电子控制系统的信息源,是汽车电子控制系统的关键部件,也是汽车电子技术领域研究的核心内容之一。汽车传感器对温度、压力、位置、转速、加速度和振动等各种信息进行实时、准确地测量和控制。

近年来,从半导体集成电路技术发展而来的微电子机械系统(micro-electro mechanical system,MEMS)技术日渐成熟,利用这一技术可以制作各种能敏感检测力学量、磁学量、热学量、化学量和生物量的微型传感器。这些传感器的体积和能耗小,可实现许多全新的功能,便于大批量和高精度生产,单件成本低,易构成大规模和多功能阵列,非常适合在汽车上应用。

1)发动机控制传感器

在以汽油机为动力的现代汽车上,发动机管理系统以其低排放、低油耗和高功率等特点得到迅速发展且日益完善。传感器在其中发挥着举足轻重的作用,下面介绍汽车发动机上几种主要的传感器。

(1)温度传感器。

温度是反映发动机热负荷状态的重要参数。为了保证控制系统能够精确控制发动机的工作参数,必须随时监测发动机冷却液温度、进气温度和排气温度,以便修正控制参数,计算吸入气缸空气的质量、流量,并进行净化处理。

冷却液温度传感器(coolant temperature sensor,CTS)通常称为水温传感器,其主要功能是检测发动机冷却液的温度,并将温度信号变换为电信号传给ECU。ECU根据发动机温度修正喷油时间和点火时间,使发动机工作于最佳状态。

进气温度传感器(intake air temperature sensor,IATS)的主要功能是检测进气温度,并将温度信号变换为电信号传给ECU。ECU根据发动机进气温度和压力信号(来自进气歧管绝对压力传感器)修正喷油量,使发动机自动适应外部环境温度和压力的变化。

常见的温度传感器有热敏电阻式温度传感器、热敏铁氧体温度传感器、扩散电阻式温度传感器、晶体管式温度传感器、双金属片式温度传感器等。

(2)空气流量传感器。

空气流量传感器用于测量发动机的进气量,将发动机的进气量转换为电信号输入ECU,以便ECU根据预定的空燃比计算燃油喷射量。进气量信号是ECU计算喷油时间和点火时间的主要依据。根据检测进气量的方式,空气流量传感器分为D型(压力型)和L型(空气流量型)两种。D型利用压力传感器检测进气歧管内的绝对压力,控制系统利用该绝对压力和发动机转速计算吸入气缸的空气量,来控制燃油喷射,其特点是测量精度不高,控制系统成本低。L型利用流量传感器直接测量吸入进气歧管的空气流量,测量精度高,控制效果优于D型燃油喷射系统的控制效果。L型空气流量传感器分为体积流量型(如翼片式、量芯式和涡流式)传感器和质量型(如热丝式和热膜式)传感器,其中热膜式流量传感器内部没有运动部件,因此没有运动阻力,使用寿命远远长于热丝式流量传感器。

(3) 压力传感器。

在用进气歧管绝对压力来计量进气量的电控喷油系统中,进气歧管压力传感器是最重要的传感器,相当于采用直接测量空气流量的电控喷油系统中的空气流量传感器。它依据发动机的负荷状态检测进气歧管内绝对压力的变化,并将其转换成电压信号,与转速一起输送到 ECU,作为决定喷油器基本喷油量的依据。进气歧管压力传感器根据其信号原理可分为压敏式、电容式、膜盒传动的差动变压器式和声表面波式等。其中,电容式和压敏式进气歧管压力传感器在当今发动机电子控制系统中应用较为广泛;声表面波(surface acoustic wave,SAW)式进气歧管压力传感器是在一块压电基片上用超声波加工出一薄膜敏感区,上面刻制换能器(压敏 SAW 延时线),换能器与电路组合成振荡器。

大气压力传感器主要以压敏式为主,安装位置各有不同。

机油压力传感器,通常通过螺纹拧入气缸体的油道内,其内有一个可变电阻,根据机油压力的大小,滑动触笔移动,改变桥式电路输出电流,以达到检测的目的。

(4) 位置传感器。

曲轴位置传感器(crankshaft position sensor,CPS)是发动机电控系统中最主要的传感器,其功能是传递控制点火时刻、喷油时刻和确认曲轴位置。其检测并输入发动机 ECU 的信号包括曲轴转角、活塞上止点和第一缸判定信号,同时也是供测量发动机转速的信号源。曲轴位置传感器主要分为光电式、磁感应式和霍尔式等类型。节气门位置传感器的功能是把节气门打开的角度(即发动机负荷)大小转变为电信号后输入 ECU,ECU 根据节气门位置信号或全负荷开关信号判断发动机的工况,根据不同工况对混合气浓度的需求来控制喷油时间,以提高发动机的功率和效率。节气门位置传感器主要有触点开关式、可变电阻式、触点和可变电阻组合式三种,按输出方式分为线性输出和开关量输出两种形式。通过车身高度与转向盘转角传感器,电控主动悬架系统可以根据车身高度、车速、转向和制动等传感器信号,由 ECU 控制电磁式或步进电动机式执行元件,改变悬架特性,以适应各种复杂的行驶工况对悬架特性的不同要求。车身高度和转向传感器均用光电式。

(5) 气体浓度传感器。

氧传感器,是排气氧传感器(exhaust gas oxygen sensor,EGOS)的简称。它通过监测排出气体中氧离子的含量来获得混合气的空燃比信号,并将该信号转变为电信号输入 ECU。ECU 根据氧传感器信号对喷油时间进行修正,实现空燃比反馈控制,使发动机得到最佳浓度的混合气,从而达到减少有害气体的排放和节省燃油的目的(空燃比一旦偏离理论值,三效催化剂对一氧化碳、碳氢化合物和氮氧化物的净化能力将急剧下降)。

现在汽车使用较多的氧传感器有二氧化钛(TiO_2)式和二氧化锆(ZrO_2)式氧传感器两种。TiO_2 属于 N 型半导体材料,其阻值大小取决于材料的温度和周围环境中氧离子的浓度,二氧化钛传感元件有芯片式和厚膜式两种。ZrO_2 式氧传感器的基本元件是专用陶瓷体 ZrO_2 固体电解质,其原理是空气中的氧离子通过多孔性固体电解质(ZrO_2),产生氧气浓度差,氧离子做扩散运动,在 ZrO_2 表面产生电动势,传感器输出该电动势电压信号,测出氧浓度。

(6) 转速、车速传感器。

发动机转速传感器的功能是在已知单位时间空气流量的基础上,检测发动机转速,来确定每循环负荷最佳空燃比的喷油量。常用的是电磁感应式发动机转速传感器,ECU 通过检测电磁感应式传感器线圈中产生的脉冲电压间隔,测出发动机转速。

车速传感器的功能是测量汽车行驶的速度,该传感器主要有可变磁阻式、光电式和电磁感应式等。可变磁阻式传感器将因磁阻元件(MRE)的阻值变化而引起的电压变化输入比较器,由比较器输出控制晶体管的导通和截止,以此测出车速。光电式车速传感器用于数字式速度表上,由发光二极管(LED)、光敏晶体管和遮光板构成。当遮光板不断遮盖 LED 发出的光束时,光敏晶体管检测出脉冲频率,从而测出车速。电磁感应式车速传感器用于检测自动变速器型车辆的车速,由电磁感应线圈和永久磁铁组成,当自动变速器输出轴转动时,感应线圈中的磁通量发生变化,进而产生交流感应电动势,车速越大,磁通量变化越大,输出的脉冲电压频率越大,因此控制系统是根据脉冲电压的频率测出车速的。

现代汽车均装有防抱死制动系统(anti-lock braking system,ABS)和防滑控制系统。二者都设有获取车轮转速信号的轮速传感器,轮速传感器通常有电磁感应式和霍尔式两种。

(7) 其他传感器。

爆燃传感器是点火时刻闭环控制必不可少的重要部件,其功能是将发动机爆燃信号变换为电信号传递给 ECU,ECU 根据爆燃信号对点火提前角进行修正,从而使点火提前角保持最佳。它分为压电式、磁致伸缩式两种。

碰撞传感器是在电子控制式安全气囊系统中使用的传感器,可分为碰撞烈度传感器和防护碰撞传感器两类。

电流传感器主要应用于电动机控制、负荷检测和管理、开关电源和过流保护等。

2) 底盘控制传感器

底盘控制传感器是指用于自动变速器系统、悬架系统、动力转向系统、防抱死制动系统等底盘控制系统中的传感器。尽管分布在不同的系统中,但这些传感器的工作原理与发动机中相应传感器的工作原理是相同的。而且,随着汽车电子控制系统集成化程度的提高和CAN总线技术的广泛应用,同一传感器不仅可以给发动机控制系统提供信号,还可以为底盘控制系统提供信号。自动变速器系统使用的传感器主要有车速传感器、加速踏板位置传感器、加速度传感器、节气门位置传感器、发动机转速传感器、水温传感器和油温传感器等。防抱死制动系统使用的传感器主要有轮速传感器和车速传感器。悬架系统使用的传感器主要有车速传感器、节气门位置传感器、加速度传感器、车身高度传感器和方向盘转角传感器等。动力转向系统使用的传感器主要有车速传感器、发动机转速传感器、转矩传感器和油压传感器等。

3) 车身控制传感器

车身控制传感器主要用于提高汽车的安全性、可靠性和舒适性等。由于其工作条件不像发动机和底盘那么恶劣,因此一般工业用传感器稍加改进就可以应用。车身控制传感器主要有用于自动空调系统的温度传感器、湿度传感器、风量传感器和日照传感器等,用于安全气囊系统中的加速度传感器,用于门锁控制中的车速传感器,用于亮度自动控制系统中的光传感器,用于消除驾驶员盲区的图像传感器等。

2. CAN 数据总线

随着汽车电子化、自动化的提高,ECU日益增多,线路也日益复杂。为了简化电路和降低成本,汽车上多个ECU之间的信息传递就要采用多路复用通信网络技术,将整车的ECU形成一个网络系统,也就是CAN(控制器局域网络)数据总线。

CAN数据总线是一种串行多主站总线。它具有很高的网络安全性、通信可靠性和实时性,简单实用,网络成本低,特别适用于汽车计算机控制系统和温度恶劣、电磁辐射强、振动大的工业环境。其通信媒介可以是双绞线、同轴电缆或光纤,数据传输速率可达 1 Mb/s。

1991年9月,Philips半导体公司制定并发布了CAN技术规范2.0版。该技术规范包括A和B两部分。2.0 A给出了曾在CAN技术规范版本1.2中定义的CAN报文格式,而2.0 B给出了标准的和可扩展的两种CAN报文格式。此后,1993年11月,ISO正式颁布了道路交通运输工具 数字交换 高速通信控制器局域网国际标准(ISO 11898 高速CAN)和低速通信控制器局域网国际标准(ISO 11519 低速

CAN）。美国汽车工程师协会（SAE）等组织也以 CAN 协议为基础颁布本组织的标准。遵循 ISO/OSI（open systems interconnection，开放系统互联）标准模型，CAN 总线分为数据链路层和物理层。在 CAN 2.0 标准中对数据链路层和物理层进行了详细的定义，其中物理层具有很大的灵活性，方便用户根据实际情况进行选择。

1）CAN 总线的数据交换原理

A 和 B 两部分应用标准版（CAN 2.0 A）和扩展版（CAN 2.0 B）两种格式的数据帧。这两种格式的数据帧都由 7 个段码组成。标准版的 ID 码为 11 位，可以识别 2 048 个不同的信息。扩展版的 ID 码为 29 位，可以识别 5.12×10^8 个不同信息。CAN 总线标准版（CAN 2.0 A）数据帧格式如表 3-1 所示。

表 3-1　CAN 总线标准版（CAN 2.0 A）数据帧格式

起始位	仲裁段	控制段	数据段	CRC 段	证实段	结束
1 位	11 位	1 位	6 位	6～8 字节	16 位	2 位	7 位

CAN 总线协议的总线仲裁是按位进行的，需要比较不同节点在同一位数据传输时间内总线请求优先级的高低。因此，最高数据传输速度随总线长度的增大而减小。自 CAN 总线问世以来，为满足 CAN 总线协议的多种应用需要，相继出现了几种高层协议。目前，大多数基于 CAN 总线的网络都采用 CAN 总线的高层协议。CANopen、DeviceNet 和 SDS 是通常采用的高层协议，适用于任何类型的工业控制局域网应用场合，而 CAL 协议则应用于基于标准应用层通信协议的优化控制场合，SAEJ1939 协议则应用于卡车和重型汽车计算机控制系统。

CAN 总线协议是一种非破坏性的通过竞争来进行总线仲裁的协议。当多个节点同时要求占用总线进行数据传输时，为防止一个节点破坏另一个节点的数据，CAN 总线协议控制器在仲裁段传输过程中，根据标识码的大小对总线进行仲裁，标识码较小的信息具有较高的总线占用优先级。当在一条总线上要传送两种不同格式的信息时，如果这两种不同格式的信息具有相同的基本标识码（BID），那么在进行总线竞争时，标准格式帧的优先级始终高于扩展格式帧的优先级。

按 CAN 总线协议传输的数据，都需要一个网络内唯一的标识码来指定信息内容（如发动机转速或冷却水温度）和信息的优先级。若某一个节点的 CPU 要将信息发送给一个或多个节点，则首先应将待发信息及其标识码发送给指定的 CAN 总线控制器。为此，CPU 必须首先初始化 CAN 总线控制器的数据交换功能，然后用 CAN 总线控制器构建并发送信息。一旦网络中某一节点的 CAN 总线控制器获得总线控制权，网络中所有其他节点都成为接收节点，所有正确接收到该信息的节点都要进行信息检验,以确定所收信息是否与本节点有关,然后放弃无关信息,对有关信息进行处理。这种方法使系统构建非常灵活,对每个独立节点来说,都不需要物理目的地址。如果要增加的新节点是纯粹的接收站,则不需要对现有节点的硬软件做任何修改,就能方便地向现有CAN总线网增加新节点。该协议也允许多站同时接收信息(广播式)和共享分布式过程信息,即采用该协议可以传送多个控制器共用的测量信息,对于基于CAN总线的汽车计算机控制系统,所有的控制单元可以共享同一个传感器。

2) CAN总线特性

CAN总线是一种多主站总线,通信介质可以是双绞线、同轴电缆或光纤。CAN协议采用通信数据块进行编码,取代了传统的站地址编码,使网络内的节点数在理论上不受限制。由于CAN总线具有较强的纠错能力、支持差分收发,因此其适合高干扰环境,并具有较远的传输距离。CAN总线的特性如下。

(1) CAN总线是一种有效支持分布式控制和实时控制的串行通信网络。

(2) CAN总线协议遵循ISO/OSI标准模型,采用了其中的物理层和数据链路层。

(3) CAN总线可以多主方式工作,网络上任意一个节点均可在任意时刻主动地向网络上其他节点发送信息,而不分主从,节点之间有优先级之分,因而通信方式灵活;CAN采用带优先权的非破坏性逐位仲裁机制,节省了总线冲突仲裁时间,在重负载下性能良好;CAN总线能以点对点、一点对多点(成组)和全局广播等方式传送和接收数据。

(4) CAN总线的直接通信距离最远可达10 000 m(传输速率为5 kb/s),最高通信速率可达1 Mb/s(传输距离为40 m)。

(5) CAN总线上的节点数可达110个。

(6) CAN总线数据链路层采用短帧结构,每一帧为8 B,易于纠错;CAN总线每帧信息都有CRC(cyclic redundancy check,循环冗余检验)和其他检错措施,有效地降低了数据的错误率;CAN总线节点在错误严重的情况下,具有自动关闭功能,使总线上其他节点不受影响。

(7) 信号调制解调方式采用不归零(non-return to zero,NRZ)编码/解码方式,并采用插入填充位技术。

(8) 数据位具有显性"0"(dominant bit)和隐性"1"(recessive bit)两种逻辑值,采用时钟同步技术,具有硬件自同步和定时时间自动跟踪功能。

3) CAN 总线的分层结构

CAN 总线的分层结构如图 3-3 所示。按照 IEEE 802.2 和 IEEE 802.3 标准,物理层划分为物理信令(physical signaling sublayer,PLS)子层、物理媒体连接(physical medium attachment,PMA)和媒体相关接口(medium-dependent interface,MDI)。数据链路层划分为逻辑链路控制(logic link control,LLC)和媒体访问控制(media access control,MAC)子层。

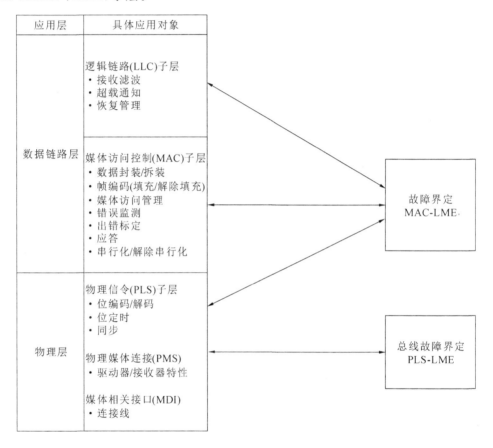

图 3-3 CAN 总线的分层结构图

CAN(2.0 B)定义了 MAC 子层和 LLC 子层的一部分,并描述与 CAN 协议有关的外层。LLC 子层的主要功能是为数据传送和远程数据请求提供服务,确认由 LLC 子层接收的报文已被接收,并为恢复管理和通知超载提供信息。MAC 子层是 CAN 协议的核心。它描述由 LLC 子层接收到的报文和对 LLC 子层发送的认可报文,具有数据封装/拆装、帧编码、媒体访问管理、错误监测、出错标定等功能。MAC 子层由一个被称为故障界定的管理实体实时监控,它具有识别永久故障或短暂扰动的自检机制。

物理层的功能是实现有关电气特性信号在不同节点间的传送。物理层定义了怎样发送信号,涉及位定时、位编码和同步的描述。在这部分技术规范中,未定义物理层中的驱动器和接收器特性,以便设计时根据具体应用,对发送媒体和信号电平进行优化。

4) CAN 总线通信原理

CAN 总线具有开放式线性总线型网络结构,总线节点平均分布。CAN 总线由两个或多个节点组成。总线逻辑符合"线与"机制。"隐性"位(通常为逻辑电平"1")被"显性"位(通常为逻辑电平"0")覆盖。只要没有总线节点发送显性位,总线线路就处于隐性状态,但是只要任一总线节点发送了显性位,就会产生显性总线状态。因此,对于 CAN 总线线路,必须选择能传送两种可能位状态(显性和隐性)的传输介质,此时总线线路有 CANH 和 CANL 两个输出端,并且可以直接或通过连接器与节点相连。CAN 协议中没有定义有关连接器使用的标准。

当总线长度不超过 40 m 时,最大总线速度可达 1 Mb/s。如果总线长度超过 40 m,总线速度会降低(1 000 m 的总线仅能实现 40 kb/s 的总线速度)。对于 1 000 m 以上的总线,应该使用特殊的驱动器。若总线上不使用额外的设备,则至少可以连接 20 个节点。由于发送信号的差分性质,即两条总线线路所受的影响相同,使差分信号不受影响,因此 CAN 本质上并不容易受到辐射电磁能的影响。也可以屏蔽总线线路以降低来自总线的电磁辐射,尤其是在高波特率下。

二进制数据是按不归零码(NRZ 码,低电平为显性状态,高电平为隐性状态)编码的。使用位填充以确保所有总线节点时钟同步。这意味着在报文发送时,最多可以有 5 个连续位具有相同的极性。只要发送了具有相同极性的 5 个连续位,在继续发送后续位前,发送器将在比特流中插入一个极性相反的位。接收器也会检查同极性位的个数,并把填充位从比特流中删除。在 CAN 协议中,不对总线节点寻址。地址信息包含在发送的报文中。这是通过标识符(每个报文中的一部分)实现的,标识符标识了报文内容(比如引擎速度和油温等)。另外,标识符还会指出报文的优先级,标识符的二进制值越小,报文的优先级就越高。总线仲裁采用带有非破坏性仲裁的带冲突检测的载波监听多路访问(carrier sense multiple access with collision detection,CSMA/CD)机制。如果总线节点 A 要通过网络发送报文,它首先会检查总线是否处于空闲状态(即没有正在进行发送的节点),这样节点 A 就成为总线主控节点并发送其报文。在节点 A 发送第一个发送位(帧起始位)时,所有其他节点都会切换到接收模式。在正确接收了报文后(报文经过每个节点应答),每个总线节点都会检查报文标识符,如果需要的话还将存储报文,否则就将报文丢弃。

5) SAE J1939 协议

在 CAN 2.0 B 规范的基础上,对 CAN 总线的 29 位识别符进行具体定义,建立起 J1939 协议的编码系统,从而形成 SAE J1939 协议。目前它已成为货车和客车的通用通信协议。CAN 规范和 J1939 协议的区别在于仲裁场的 29 位识别符。CAN 格式帧转换为 J1939 格式帧是通过协议数据单元(protocol data unit,PDU)来实施的。J1939 的 PDU 由 P、R、DP、PF、PS、SA 和 DATA 七部分组成,对应于 CAN 协议扩展帧的 29 位识别符加上数据场。SAE J1939 协议在货车和客车上得到了广泛应用,但对于拥有更多电子设备的汽车却没有统一的应用层协议。

6) CAN 总线在汽车控制系统中的应用

现代汽车的计算机控制系统一般包括发动机控制、自动变速器控制、防抱死制动控制、安全气囊控制等几个控制单元。这类汽车的各计算机控制单元间往往没有通过总线构成网络,而是独立运作,或者相关控制单元通过串口进行联系。随着汽车电子技术的不断发展,一些先进的汽车还装备了巡行控制、驱动防滑控制(ASR)、悬架控制、转向控制、空调控制、防盗及其他控制等电子控制单元(ECU)。另外,各种舒适性控制装置和数字化仪表也不断增多,而且各 ECU 之间有着密切的联系,CAN 总线已经在这些先进的汽车计算机控制系统中得到应用,取代传感器、电子控制单元和执行器之间,以及电子控制单元之间的专线联系方式,构成了基于 CAN 总线的汽车控制系统网络。通常,该网络包括发动机控制、传动系统控制、车身控制和仪器仪表 4 个功能独立、可自行运行的 CAN 总线网络。为了便于汽车所有功能的管理,需要通过网关将这 4 个 CAN 总线网络联系起来。网关通过对 CAN 总线间待传数据信息的智能化处理,确保只有某类特定的信息才能够在网络间传输。例如,车身 CAN 总线网络要从发动机 CAN 总线网络索要某一信息时,网关计算机就从后者中取得有关的信息,并按要求进行一定的处理后再进行传输。这种方式可将不同的信息分开,减轻了各网络总线上的负载。

CAN 总线应用到汽车计算机控制系统后,所有 ECU 都连接到 CAN 总线上,极大地简化了汽车计算机控制系统的线路联系。CAN 总线作为一种可靠的汽车计算机网络总线,已开始在先进汽车上得到应用,使得各汽车计算机控制单元能够通过 CAN 总线共享所有信息和资源,达到简化布线、减小传感器数量、避免控制功能重复、提高系统可靠性和维护性、降低成本、更好地匹配和协调各个控制系统的目的。基于 CAN 总线的汽车计算机控制系统如图 3-4 所示。

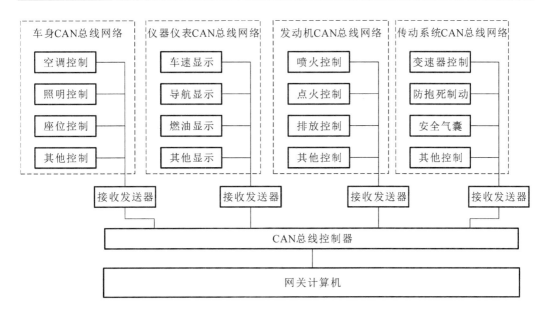

图 3-4　基于 CAN 总线的汽车计算机控制系统

3. 自动控制与模糊控制技术

汽车自动控制是通过 CAN 总线与汽车传感器获取各部件实时数据,并进行判决处理后,对汽车运行状态进行控制的过程。传统的自动控制,包括经典理论和现代控制理论都有一个共同的特点,即控制器的综合设计都要建立在被控对象准确的数学模型的基础上。但是,汽车控制是一个非常复杂的工况,尤其是在汽车传感器大量应用、影响因素很多的情况下,要建立精确的数学模型特别困难,很难用经典控制理论实现车辆的自动控制。在这种情况下,采用模糊控制就显得非常有必要。

1)模糊控制原理

模糊控制的基本思想是用计算机或其他装置模拟人对系统的控制过程。人作为模糊控制系统的操作者,模糊控制过程是:操作者首先借助于眼、耳等器官,从仪器、仪表中读出被控过程的状态情况;接着这些模糊信息进入人的大脑,操作人员根据存储在大脑中的经验和知识,对这些模糊信息进行处理,得到作为结论的控制作用,这些控制作用仍是模糊的语言值;最后,大脑发出命令,指挥手、脚等器官去执行这些控制作用,使被控系统得到确切的控制。模糊控制不用建立精确的数学模型,根据实际系统的输入、输出数据,参考现场操作人员的经验,就可对系统进行实时控制。模糊控制实际上是一种非线性面向物联网时代的"声研究与实践"控制,从属于智能控制范畴。

近 20 年来,模糊控制获得巨大成功的主要原因在于它具有如下一些突出的特点。

(1)模糊控制是一种基于规则的控制。它直接采用语言型控制规则,其依据是现场操作人员的控制经验或相关专家的知识,在设计中不需要建立被控对象的精确数学模型,使得控制机理和策略易于接受与理解,设计简单,便于应用。

(2) 从工业过程中的定性认识出发,比较容易建立语言控制规则,因而模糊控制对那些数学模型难以获得、动态特性不易掌握或变化非常显著的对象非常实用。

(3) 基于模型的控制算法和系统设计方法,由于出发点和性能指标的不同,容易展现出较大差异。但一个系统的语言规则却具有相对的独立性,利用这些控制规律间的模糊连接,容易找到折中的选择,使控制效果优于常规控制。

(4) 模糊控制是基于启发性知识和语言决策规则设计的,这有利于模拟人工控制的过程和方法,增强控制系统的适应能力,使之具有一定的智能水平。

(5) 模糊控制系统的鲁棒性强,干扰和参数变化对控制效果的影响被大大降低,使其尤其适合于非线性、时变和纯滞后系统的控制。

2) 模糊控制系统的组成

一个模糊控制系统必须包含一些必要的部件。模糊控制是计算机数字控制的一种形式,模糊控制系统的组成类似于一般的数字控制系统的组成,其组成框图如图3-5所示。

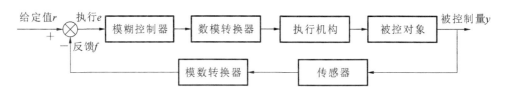

图 3-5 模糊控制系统组成框图

模糊控制系统由以下几部分组成。

(1) 模糊控制器。

模糊控制器是模糊控制系统的核心。模糊控制理论采用基于模糊控制知识表示和规则推理的语言型模糊控制器,这也是模糊控制系统区别于其他控制系统的主要标志。模糊控制器存放的是由规则导出的模糊控制算法,一般由计算机程序或硬件实现。被控对象不同,以及对系统静态、动态特性要求不同,模糊控制器的规则也有所不同,即模糊控制算法各异。实际上,模糊控制器的作用与其他控制器的作用相同。例如,在经典控制理论中,常用的模糊控制器有 PID(比例积分微分)控制器、串/并联校正器;在现代控制理论中,常用的模糊控制器有有限状态观测器、自适应控制器和鲁棒控制器等。

(2)数模转换器(D/A)。

模糊控制器将给定值与被控制量的反馈值的差作为输入,经模糊控制算法合成后,得到相应的控制量。由于该控制量是数字量,而执行机构所接受的是模拟量,因此在模糊控制器与执行机构之间需要数模转换器。有时,进行数模转换之后还需要进行电平转换。

(3)执行机构。

执行机构包括交/直流电动机、步进电动机、液压电动机和气动调节阀等。

(4)传感器。

传感器可将被控对象或各种过程的被控制量转换为电信号。传感器的精度将直接影响到整个系统的精度。

(5)模数转换器(A/D)。

传感器将被控制量转换为电信号,若该电信号是模拟信号,则需要将模拟信号转换成数字信号,再反馈到中央处理系统;若该电信号是数字信号,则不需要进行模数转换。

3.1.2 车外数据的采集

车外数据的采集主要包括对车辆的位置,行车状态,道路状态,前方、两侧及侧后方车辆状态等数据的采集(见图3-6)。

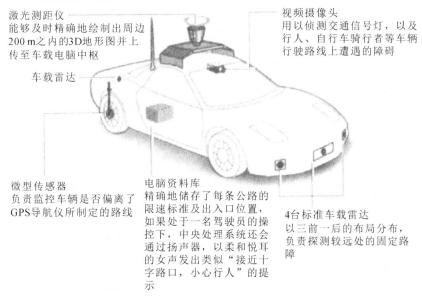

图3-6 车外数据的采集

位置服务是车联网服务内容的重要组成部分,位置几乎贯穿于车联网服务的每个场景。通过车载终端上的卫星定位模块,可以采集车辆的位置信息及状态,如经纬度信息、方向、速度等,这些数据可作为车辆远程防盗、一键通导航、路边紧急救援、获取天气信息与路况信息等的判断依据。位置也是车队管理的主要参数,如车辆调度、车辆监控、车辆跟踪、超速报警及电子围栏等功能,都离不开位置数据。同时,实时路况也是通过对海量的车辆实时位置信息进行加工而形成的服务内容。

1. 测速技术

1) 雷达测速

交通事故中有一部分是机动车超速引起的。公安交管部门为了有效控制机动车超速行驶,降低交通事故的发生率,投入大量资金来安装雷达测速系统。

雷达测速系统分为移动式和固定式两种,一般由测速、拍摄和图像数据处理三部分组成。测速部分基本上是采用多普勒雷达(即基于多普勒效应制成的雷达)进行测速的,拍摄部分采用高速相机并配以光补偿装置,图像数据处理由相应配套软件完成。其工作原理如下。

雷达发射一个固定频率的脉冲波,遇到运动目标时,回波的频率与发射波的频率出现频率差,称为多普勒频率。根据多普勒频率的大小,可依据特定的关系,计算出运动目标对雷达的径向相对运动速度,即

$$f_d = \frac{2}{c} k f_0 v \cos\theta \tag{3-1}$$

式中:f_d——测量到的运动目标引起的多普勒频率,Hz;

c——电磁波在空气中的传播速度,约为 3×10^5 km/s;

k——单位换算系数,$k = 10^3/3.6$;

f_0——雷达的发射频率,MHz;

v——目标运动速度,km/h;

θ——雷达波束与车辆行驶方向的夹角。

雷达在测到目标车辆速度的同时触发相机拍照,经过图像数据处理,把相应的信息如超速路段、限定速度值、目标车速和超速百分比等合成到拍得的图片中,作为超速处罚的依据。雷达测超速车辆原理如图 3-7 所示,测速现场效果如图 3-8 所示。

2) 激光测速

激光测速应用于交通管理方面,用于各种汽车速度的测量,以判断其是否超速。激光测速的主要方法有脉冲法和相位法,多采用脉冲法。

第 3 章 车联网的关键技术 65

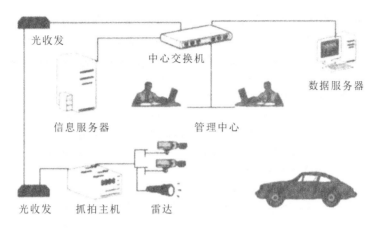

图 3-7 雷达测超速车辆原理图

图 3-8 雷达测速现场效果图

脉冲激光测速系统的工作原理是建立在激光测距的基础之上的,通过对被测物体进行两次或多次有特定时间间隔的激光测距,取得在该时段内被测物体的移动距离,从而得到该被测物体的平均移动速度(见图 3-9)。

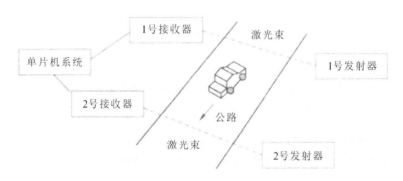

图 3-9 激光测速的工作原理

脉冲法的激光测速系统比相位法的简单，更易于操作。但是，无论是脉冲法，还是相位法，激光测速系统对于测量角度的要求都非常高，激光测速系统应该正对运动物体的运动方向，测量偏差角度应该小于10°。这样才能保证测量的准确性。激光测速仪现场效果如图3-10所示。

图3-10　激光测速仪现场效果图

激光测速系统由光学系统、硬件电路和软件处理三部分组成。其中，光学系统部分由光学准直部分和分光系统组成；硬件电路部分由发射模块（包括脉冲驱动电路）、接收模块（包括信号放大整形滤波电路、计数电路等）和计算机接口电路组成；软件处理部分由 CPLD（complex programming logic device，复杂可编程逻辑器件）脉冲驱动、计数程序和单片机串口程序，以及与上位机进行通信处理的部分组成。

3）雷达测速与激光测速对比

在车辆超速违章事件中，最直接的挑战就是如何确认违规车辆。例如，在多车道公路上当两部以上车辆并行时，雷达测得超速现象却无法明确认定哪一辆车违规。原因在于雷达测速不同于激光测速，雷达测速的原理是应用多普勒效应，即移动物体对所接收的电磁波有频移的效应。雷达测速仪是根据接收到的反射波频移量计算得出被测物体的运动速度的。雷达测速的主要特点是雷达波束较激光光束（射线）的照射面大，因此雷达测速易于捕捉目标，但是测速的准确率不高，如果碰到几条车道上同时有几辆车平行驶来，雷达很难测到哪一辆是超速车辆。

雷达波发射锥角度为10°～20°，而激光波发射锥角度（激光发射部分发散角）只有不到0.1°，因此激光测速可以明确认定受测目标，激光狭窄光束使得两车被同时侦测到的概率等于零。雷达测速与激光测速的最远测速距离均在1 000 m左右，可以随设备发射功率增大而增长。但测距远对测速来说并不具实际效益，因为测到的车辆距离越远，抓拍超速车辆图片的代价就越大，主要涉及照相取证设备，对摄像机镜头和闪光灯设备要求太高。雷达测速仪需经常用固定频率的音叉校正,而激光测速仪则无此要求。

雷达测速与激光测速另一重要差别在于测速的时间,雷达测速需要 2～3 s,而激光测速只需要约 0.3 s。

当然,激光测速仪也有缺点,即无法于移动状态下使用,如装于警车上或由坐在行进车辆上乘员持用时,均无法正常工作。相较于激光测速,雷达测速的缺点是反应慢和波束宽,但也有着操作简便、安装方便、取证图片清晰(特别是晚上,成熟的闪光灯技术加近距离抓拍,夜间抓拍的图片质量也很好)、监控范围广和功能强大等优点。

2. 地感地磁检测

1) 地感线圈检测

环形线圈检测器是目前国内外使用最广泛的车辆检测器,它由三部分组成:埋设在路面下的环形线圈传感器、信号检测处理单元(包括检测信号放大单元、数据处理单元和通信接口)和馈线。环形线圈检测器原理图如图 3-11 所示。

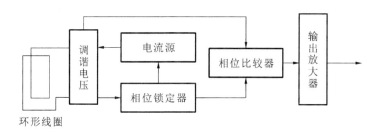

图 3-11 环形线圈检测器原理图

该检测器的工作原理是检测单元同环形线圈与馈线线路组成一个调谐电路。当环形线圈有电流通过时,其周围形成一个电磁场。正常情况下,在机动车辆未经过环形线圈所在位置的时候,耦合电路振荡频率保持恒定,单片机在单位时间段测得的脉冲个数基本不变。当机动车辆经过环形线圈所在位置时,在金属车体中感应出涡流电流,涡流电流又产生与环路电磁场相耦合但方向相反的电磁场,即互感,导致耦合电路振荡频率的变化,使得单片机在单位时间段测得的脉冲个数也相应变化。因此,只要检测到此变化的信号,就可检测出是否有车辆通过。

从环形线圈的工作原理可知,车辆无论是通过检测器还是停在检测器上,都能使检测器工作,所以这种检测器既可以检测交通量,又可以检测占有率、大致的车速等多种交通参数。环形线圈的尺寸随需要而定,常用的是 2 m×2 m 的线圈约三匝(圈),每车道埋设一个,计数精度可达到±2%,排队长度测量精度可达到±4%～

±6%。测出流量和占有率之后,借助于预定的平均有效长度即可估计出密度与平均速度。有些情况下,为了较准确地直接测量速度,采用每车道连续埋设两个环形线圈的方案(即双线圈测量),间距约为 6 m。双线圈测量方式的精确度较好,速度测量精度可达到±4%~±6%,但检测器投资及施工费用较高,计算量也较大。

环形线圈检测器可测参数较多,其感应灵敏度可调,使用的适应性较强,安装不太复杂,所以在国内外得到广泛的应用。其缺点是线圈会跟随路面发生变形(沉降、裂缝、搓移等),因此其使用效果及寿命受路面质量的影响很大,路面质量较差时,一般寿命仅为 2 年。另外,环境的变化和环形线圈的正常老化对检测器的工作性能有较大的影响,可使检测器谐振回路因失谐而不能判断车辆产生的频率变化。因此,人工调谐的环形线圈检测器要定期进行手工调整,以便保持仪器的精度。自调谐检测器可自动进行调整,精度较高,现在已被普遍采用。

2) 地磁检测

地磁检测器是把一个高磁导率铁芯和线圈装在一个保护套内,里面填满非导电的防水材料,形成一根磁棒。在路上垂直于交通流的方向开一个 0.2~0.6 m 的孔,把磁棒埋在路面下。当车辆驶过这个线圈时,通过线圈的磁通量发生变化,在线圈中产生一个电动势;这个电动势经过放大器放大后推动继电器,发出一个车辆通过的信息。

这种检测器只能检测以定车速通过的车辆,所以是通过型检测器,不适用于需要检测车辆存在的地方。这种检测器具有安装容易、不易损坏、价格便宜等优点;缺点是不能对慢速车辆进行检测,有时会误检,且材料容易老化,灵敏度会逐年衰减。图 3-12 所示为地磁检测示意图。

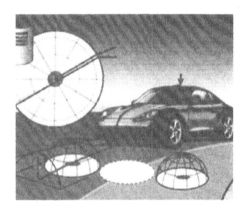

图 3-12 地磁检测示意图

3. 测距技术

1）激光测距

若想实现对前方车距的实时监测,则可在车的前部安装高灵敏度的前视雷达。前视雷达将行驶于车前方的车辆或障碍物的距离等信息,送入汽车电子控制器,该控制器对这些信息进行处理后,给出相应的指令信息和控制动作。常用的前视雷达有毫米波雷达和激光雷达。

激光雷达的基本原理与毫米波雷达的工作原理相似,也是测量发射信号与从物体表面反射回波信号的时间差,所不同的是毫米波雷达发射电磁波,而激光雷达发射光波。激光雷达按其技术途径可分为脉冲式激光雷达和相位式激光雷达。脉冲式激光雷达即激光雷达向目标发射激光脉冲信号,信号碰到目标后就被反射回来,因此只要准确记录激光的往返时间,用光速乘以往返时间的50%,就得到目标与激光雷达之间的距离。相位式激光雷达采用连续调制的激光光束照射被测目标,通过测量光束往返中产生的相位变化,换算出被测量目标与激光雷达之间的距离。激光光束的调制方式有两种:一是调频方式(调频连续波,frequency modulated continuous wave,FMCW),二是调幅方式(调幅连续波,amplitude modulated continuous wave,AMCW)。

相位式汽车激光雷达产品一般以 AMCW 方式工作。与毫米波雷达相比,激光雷达具有体积小、波束窄、无电磁干扰、距离和位置探测准确度高等特点。尽管激光雷达在雨天、有灰尘和烟雾的环境下,性能会有所下降,但是近几年发展起来的 1.54 μm 近红外激光雷达具有入眼安全和较高的大气透过率的特点,使激光雷达的性价比又有了进一步的提高,因而激光雷达作为汽车前视雷达有望得到广泛的应用。

激光测距仪采用半导体激光器,体积小、重量轻、耗电少,输出脉冲峰值功率仅为几十瓦,激光发射频率高,可用于地面固定目标和运动目标的测量。它在 500 m 远处的光束直径可达 15 m,从而满足高速公路单向路面宽度的要求。相对激光雷达来说,它具有结构简单、成本低的优点,使实际大量装车使用成为可能。激光测距仪原理如图 3-13 所示。测距时,MCU 发出指令到发射控制电路,从而驱动激光二极管发光,激光发射光学系统连续发出激光光波脉冲,同时计时器开始计时;接着整个系统进入等待激光反射回波状态,激光接收光学系统接收到回波后,雪崩光电二极管产生电压信号,该信号再经过接收放大器放大后进入 MCU 从而产生中断,使计时器停止计时。激光发射光学系统对准目标发射激光脉冲,然后激光接收光学系统接收从目标反射回来的回波脉冲,通过测定脉冲在待测距离上往返时间 t,可得待测距离 S 为

$$S = \frac{ct}{2} \tag{3-2}$$

式中：c——光速。

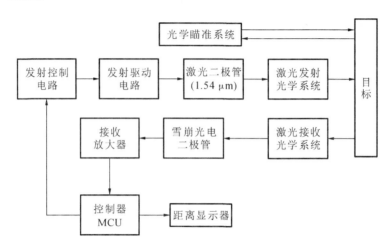

图 3-13 激光测距仪原理图

由于时间 t 十分短暂，因此必须用能产生标准固定频率的时标振荡器和电子计数器来记录。如果时标振荡器振荡频率为 f，在激光脉冲往返的时间 t 内时标脉冲个数为 n，则待测距离 S 为

$$S = \frac{cn}{2f} \tag{3-3}$$

式中：c 和 f 为已知量，只要测出脉冲个数 n，就可方便地求出待测距离 S。

2）超声波测距

广义的超声波是指频率在 20 kHz 以上的一种机械波。超声波具有束射特性、吸收特性、能量传递特性和声压特性，可以用于前后车距的测量。这里只介绍与测距相关的束射特性和吸收特性。图 3-14 所示为超声波测距示意图。

束射特性：由于超声波的波长短，超声波射线和光线一样能够反射、折射和聚焦，而且遵守几何光学定律。也就是说，超声波射线从一种物质表面反射时，入射角等于反射角，当射线透过一种物质进入另一种密度不同的物质时就会产生折射，两种物质的密度差别越大，则折射角也越大。

吸收特性：超声波在各种物质中传播时，随着传播距离的增加，强度会渐渐减弱。这是因为物质吸收了它的能量。对于同一种物质，超声波的频率越高，吸收越强。对于频率一定的超声波，其在气体中传播时被吸收的能量最大，在液体中传播时被吸收的能量较小，在固体中传播时被吸收的能量最小。由此可知，吸收特性限制了超声波

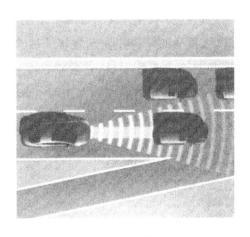

图 3-14 超声波测距示意图

的传送距离。

超声波测距是一种非接触式的检测方式。测距时,超声波发射器不断发射超声波,遇到障碍物后反射回来,超声波接收器接收到回波信号后,能将其转变为电信号,测出从发射超声波至接收到回波的时间差,即可求出距离 S,为

$$S = \frac{vt}{2} \tag{3-4}$$

式中:S——所测距离,m;

v——超声波波速,m/s;

t——发射超声波起至接收到回波的时间差,s。

由于声速受温度影响较大,应给予补偿。补偿硬件部分由温度传感器和 A/D 转换器组成,温度传感器输出与温度成正比的电压,经 A/D 转换器转换成数字量送入 MCU,由软件作补偿处理。波速的温度近似补偿公式为

$$y = 331.5 + 0.6T \tag{3-5}$$

式中:T——环境温度,℃;

y——超声波补偿后的在空气中的传播速度,m/s。

随着科技的不断发展,主动安全技术在规避危险方面的成效越来越明显,已经被消费者所认可,而辅助驾驶与无人驾驶技术又是汽车行业发展的方向之一。因此,要做到主动安全、开展无人驾驶,就需要采集大量的数据。通过雷达、摄像头、加速度传感器、卫星定位模块等对车辆运行前方及车辆两侧后方的道路情况进行采集,可实现车队跟驰、并线提醒、路面异常提醒及防碰撞报警等主动安全提醒。对各种传感器数据及整车数据的采集,有助于实现辅助驾驶与无人驾驶技术。而不停车收费系统也

离不开对车辆数据的采集,路边收费装置只有通过采集车辆的信息,才能确定车辆通行的费率、车辆是否冲卡等,才能实现不停车自动收费。

总之,数据采集对于车联网而言非常关键,而数据采集也是车联网的一大难题,出于安全考虑,汽车厂商的整车数据并不完全对外开放。因此,要做好车联网,应该先解决采集哪些数据、用哪种技术采集、采集这些数据是否会使车辆出现安全隐患等问题。只有解决了这些问题,才能为实现车联网打好基础。

3.2 识别技术

3.2.1 语音识别

安全是汽车发展的永恒话题,也是车联网发展的主要目标之一。数据显示,驾驶员的注意力不集中是发生交通事故的主因,开车打电话、操作设备都会分散驾驶员的注意力。因此,为了提高驾驶员在行车过程中的安全性,就要彻底解放驾驶员的双手和双眼,让驾驶员集中注意力。而提高注意力的解决办法就是驾驶员在行车过程中使用语音控制设备,因此,语音识别在车联网中的应用显得尤为重要。

汽车厂商福特在 2007 年就推出了 SYNC(车载多媒体交互系统)。目前 SYNC 支持 20 多种语言,并支持国内各地的方言,新一代 SYNC AppLink 系统支持应用程序开发者直接调用汽车音响系统的功能,用户的手机和车载终端连接后,就可以通过语音播放多媒体、打电话、导航及对空调进行控制。

目前苹果公司已经联合上汽通用雪佛兰、本田、奔驰和沃尔沃等 12 家全球知名汽车厂商开发智能车载系统 CarPlay。把 iPhone 连接到启用了 CarPlay 的汽车上,iPhone 上的功能就会投射到车载终端的屏幕上,驾驶员在开车的时候无须动手就可以利用 Siri(苹果智能语言助手)语音控制功能对车载终端进行控制。例如,使用语音控制 iPhone 的导航、电话、阅读短信和音乐播放等功能。

谷歌公司推出的 Android Auto 深度整合了前沿的语音技术,利用智能手机等终端让驾驶员通过语音控制车内转向盘的按钮和仪表板,使用语音操控导航、电话、阅读短信和音乐播放等功能。

在国内,语音识别领域的龙头企业科大讯飞推出了可以提供语音合成、语音识别、语音搜索、语音听写等智能语音交互能力的讯飞语音云平台,以及本地端语音识别发动机。目前讯飞输入法和灵犀语音助手已经在手机端有了广泛的应用。科大讯飞的车载语音解决方案支持用户通过自然语言操作导航指令、识别和搜索全国 POI（point of interest，关注点）、语音打电话、语音发短信、语音搜索消息等。

语音识别技术是一门交叉学科，也是信息技术领域的尖端科技，作为一种新的输入方式，语音识别的发展有很多瓶颈，如无法标准化的输入设备、语义理解及噪声的处理都影响到语音识别的精确度。在车内使用语音识别难度更大，一方面，由于车内有噪声、回声，因此语音识别的精确度比较低，尤其是在车辆行驶较快的情况下，这种情况更为恶劣；另一方面，如果在本地端使用语音识别，车载终端的处理器速度和存储能力有限，如果通过云平台进行识别，当车辆行驶在高速公路上时，网络覆盖问题会导致车载终端无法联网，也就无法使用云端的识别。

毫无疑问，语音识别是解放驾驶员双手、双眼，保证行车安全的较好方法，也是车联网行业最关键的技术之一，目前语音识别技术在车内的使用尚存在诸多瓶颈，若想要语音识别技术能在车内流畅地使用，还需要不断的探索。

3.2.2 视频图像识别

视频图像识别是交通信息采集中应用较为广泛的技术之一，从功能应用上来分，大致包括车辆身份识别（物理车牌识别）、车辆行为识别和交通信息识别（交通检测）等。

1. 物理车牌识别

车牌识别技术通过视频或图像抓拍的方式对物理车牌进行识别，从而实现对车辆身份的识别。车牌识别技术集中了先进的光电、计算机、图像处理、模式识别和远程数据访问等技术，实现对监控路面过往的每一辆机动车的特征图像和车辆全景图像进行连续全天候实时记录。计算机根据所拍摄的图像进行牌照自动识别。基于计算机的车牌识别系统利用通过某一路段的汽车前视或后视图像，完成车牌目标的自动定位与识别。车牌识别系统原理流程如图 3-15 所示。

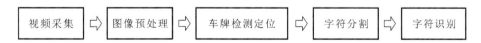

图 3-15 车牌识别系统原理流程图

车牌识别的工作原理为：车辆通过检测区域时，检测装置将车辆的通过信号传送到图像采集设备；图像采集设备采集车辆图像，并将图像传送到计算机；计算机对车牌进行自动定位和识别，并将识别结果送至监控中心或收费处等应用场所。图 3-16 所示为车辆检测模块频谱响应曲线。图 3-17 所示为某车牌识别效果图。

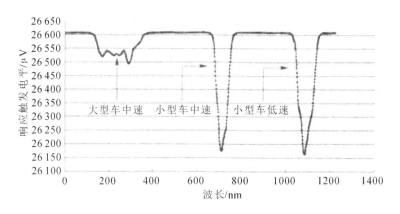

图 3-16 车辆检测模块频谱响应曲线

车牌识别：沪·EM3125 时间：13:00 天气：晴天 环境：逆光

图 3-17 某车牌识别效果图

车牌识别系统的核心部分为视频采集、图像预处理、车牌检测定位、字符分割和字符识别等，所有这些工作均在一台配置较高的计算机上完成。下面简述各部分的主要功能。

(1) 视频采集。采用视频卡捕获汽车视频图像。这部分的任务主要是判断有无来车，若有，则截获一帧图像以备后续定位识别之用，否则持续进行监视。

(2) 图像预处理。首先将输入的彩色图像灰度化，然后在灰度图像上利用滤波算子进行滤波预处理，并生成一个门限，将滤波后的图像转化为二值图像，同时消除二值图像中的噪声。

(3) 车牌检测定位。在经预处理得到的二值图像中进行区域搜索，寻找出具有车牌特征的候选区域，根据实际车牌的特征找出真正的车牌区域，然后交给后续模块进行处理。

(4) 字符分割。在得到的车牌图像中进行字符的分割和归一化，然后将分割出的字符输入后续的识别模块进行识别。

（5）字符识别。对分割出来的每个字符进行识别，并进行语法分析，判断识别的结果是否正确，并将结果反馈到前面的模块。

2. 车辆行为识别

车辆行为识别的主要功能是从连续的视频图像中检测出运动的车辆目标，同时对提取出的运动车辆进行分类、跟踪和识别。在理想状态下，车辆行为识别技术能对车辆行为进行理解和描述，达到异常检测和行为识别的目的。车辆行为识别系统原理图如图3-18所示。

车辆行为识别技术是一个多学科交叉综合的课题，涉及图像处理、计算机视觉、模式识别和人工智能等诸多领域，是一个非常具有挑战性的课题。近年来，随着城市交通的发展，智能交通监控系统由于其具备智能、高效、自动化的特点，面临着广泛的应用需求，加上集成电路和计算机技术的迅速发展，车辆行为识别所要求的硬件设备成本大大降低。这使车辆行为识别技术获得了同样广泛的研究与应用。

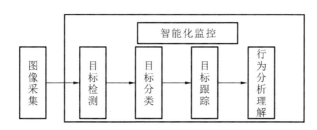

图3-18 车辆行为识别系统原理图

车辆行为识别遇到的首个问题是如何从获取的图像序列中提取出感兴趣的部分（运动前景，如移动的人、车辆等），即运动目标检测。从20世纪末至今，关于目标检测，已经出现了一批较成熟的算法，目标检测分为静态场景下的目标检测和动态场景下的目标检测。在静态场景下，最常用的是背景差分法，但背景差分法不能有效地去除运动目标的阴影，而且背景的有效构建和实时更新是个难点。在动态场景中，其他物体的运动干扰、光线变化和背景闪烁等外在因素容易造成相邻帧图像间至少有一部分像素的灰度值发生变化。而且，在实际情况中，如果目标和摄像机同时运动，那么目标会因自身的运动或摄像机视角的改变而发生形变。这些情况使得准确检测出运动目标变得非常困难和复杂，因此，寻求一种检测效果好、检测快的算法并非易事。

车辆行为识别的另外一个关键问题是如何实现对目标的稳定跟踪，即如何从包含运动目标的视频帧序列中识别和定位运动目标，从而获得位置、速度、加速度、方向等运动参数，甚至目标的运动轨迹。这是更高一级的目标行为理解分析的基础。但是,基于计算机视觉的目标跟踪当前正处于探索和不断改进的阶段,如何对运动目标进行稳定的跟踪是计算机视觉研究领域的重点、难点问题。

在跟踪的过程中,运动目标的轮廓变化、背景中的干扰、光照变化、目标遮挡、摄像机移动造成的视角转变、目标旋转等,给目标跟踪带来了巨大困难。以往的目标跟踪算法多是以线性系统和噪声满足高斯分布为前提的,如利用卡尔曼滤波进行跟踪。而实际上,当前存在的跟踪系统大多数都是非线性的,甚至是强非线性的,故原有的目标跟踪算法不能很好地解决非线性和非高斯问题。虽然近年来出现了解决非线性非高斯问题的粒子滤波算法,但算法复杂度大,不利于实时应用。因此,寻找一个能解决非线性系统问题的、具有实时性和稳定性的跟踪算法迫在眉睫。

目前的交通视频监控系统由于大多数价格低廉,处于非自动化和非智能化的状态,而且多数还是模拟式监控系统,少数数字监控系统提供的功能也很简单,仅仅是多画面显示或以录像方式存储到硬盘等,因此不能满足实际使用需求。随着交通城市化演进带来的应用需求的增大,以及计算机视觉、图像处理、人工智能、模式识别等学科领域的发展所提供的技术支撑的增强,视频监控系统的智能化得到了国内外学术界和相关工业部门的关注,并被提上了日程。

该系统的核心技术朝着如下方向发展:不仅能对进入交通监控场景的运动目标实时检测、识别和跟踪,而且能够对运动目标当前的行为状态进行实时智能化分析,以达到自动判断目标合法性和行为异常性的目的。

智能交通视频监控系统主要有以下两方面的应用。

(1)交通监视:在一个复杂繁忙环境中对人和车辆等运动目标进行实时的观察、检测、识别和跟踪,正确地分析它们的行为,并能准确地进行描述,有效地进行异常行为检测。

(2)交通事件检测:包括交通状况检测、拥塞控制,以及对车辆换道、避障、逆行、超速、慢速和停车等交通事件加以检测。

综上所述,理想的基于视频行为识别的智能交通视频监控系统具有很大的应用价值。它给交通系统带来变革,使其智能化、自动化,从而可以减少人力、物力、财力。因此,研究其中的关键技术(涉及目标检测、识别、跟踪和行为分析理解等)具有重要的现实意义。

3. 交通检测

基于视频图像处理的交通检测技术是近年来逐步发展起来的一种新型的车辆检测技术。它具有无线、可一次检测多参数和检测较大范围的特点,使用灵活,将有很好的应用前景。

视频交通检测系统通常由电子摄像机、图像处理机和显示器等部分组成。电子摄像机对道路的一定区域范围进行摄像,所得图像经传输线路进入图像处理机,图像处理机对图像信号进行模数转换和格式转换等,再由微处理器处理图像背景,实时识别车辆的存在,判别车型,由此进一步推导其他交通控制参数,在显示器端以图表形式显示交通流信息数据。图像处理机还可以根据需要给监控系统的主控机、报警器等设备提供信号,监控中心可根据这些信号确定控制方式,向执行机构发出控制命令。

在图像处理系统中,背景处理是一个复杂而棘手的问题,图像处理程序必须考虑对多种干扰因素进行补偿。这些干扰因素包括不同路面对光的反射、阴影等。由于图像处理是在摄像机摄取的图像的基础上实现识别和检测的,因此视频检测不仅具有多点布设、无线检测的能力,还能获得车流密度、排队规模,以及常规检测器很难测到的停车次数和车辆尺寸等重要交通参数。另外,检测系统装卸方便,不需要破坏路面,不影响交通,在很多场合可以代替现有的环形线圈检测器。

视频交通检测系统在现代交通控制系统中占有很重要的地位,是未来智能运输系统发展的基础。目前的问题是,图像处理的实时性较差,而且车辆的检测精度受整个系统软、硬件的限制。但是,随着图像信号处理技术的进步和微电子技术的发展,视频交通检测技术将得到不断的提高和更加广泛的应用。

4. 相关标准

2012年7月31日,国家质量监督检验检疫总局、国家标准化管理委员会批准发布了《机动车号牌自动识别系统》(GB/T 28649—2012)国家标准。该标准于2013年1月1日开始实施。该标准针对以摄像机等图像采集设备为基础的各类机动车号牌自动识别系统,规定了机动车号牌自动识别系统的技术要求、试验方法、数据存储和压缩的内容及要求,不适用于单车道公路收费系统。该标准的主要技术指标包括车辆图像捕获率、车辆图像抓拍有效率、号牌识别正确率和号牌颜色识别正确率等。

车辆图像捕获率为:统计时间内有效抓拍机动车图片数量(不计重复图片)与这段时间内实际通过的机动车数量的比值。白天,车辆图像捕获率在视频触发条件下不小于95%,在非视频外部触发(包括线圈、激光和微波等)条件下不小于99%;夜间,车辆图像捕获率在视频触发条件下不小于85%,在非视频外部触发(包括线圈、激光和微波等)条件下不小于99%。

车辆图像抓拍有效率为:1-(统计时间内实际抓拍的重复车辆图像的数量与这

段时间内实际通过的机动车数量的比值)。白天,车辆图像抓拍有效率在视频触发条件下不小于80%,在非视频外部触发(包括线圈、激光和微波等)条件下不小于95%;夜间,车辆图像抓拍有效率在视频触发条件下不小于70%,在非视频外部触发(包括线圈、激光和微波等)条件下不小于95%。

号牌识别正确率为:统计时间内机动车号牌识别正确的总数与实际通过的具有有效号牌的机动车数量的比值。白天,号牌识别正确率在号牌图像水平分辨率为100～120像素条件下不小于85%,在号牌图像水平分辨率在120像素以上条件下不小于90%;夜间,号牌识别正确率在号牌图像水平分辨率为100～120像素条件下不小于75%,在号牌图像水平分辨率在120像素以上条件下不小于85%。

号牌颜色识别正确率为:统计时间内号牌颜色识别正确的总数与实际通过的具有有效号牌的机动车数量的比值。号牌颜色识别正确率白天不小于80%,夜间不小于75%。

3.2.3 射频识别

射频识别(RFID)是一种自动识别技术。它利用射频方式进行非接触式双向通信,以达到识别目的。和传统的磁卡、IC(integrated circuit,集成电路)卡相比,射频卡最大的优点就在于非接触,因此完成识别工作时不需要人工干预,适用于实现系统的自动化且不易损坏。RFID可识别高速运动物体并可同时识别多个射频卡,操作快捷方便。

射频卡不怕油渍、灰尘污染等恶劣的环境,用于交通的多为长距离的射频卡,识别距离可达几十米,通过与网络通信技术相结合可用在自动收费或识别车辆身份等场合。

RFID作为物联网最基本的关键技术,首先被广泛研究,并进入车联网领域。2008年3月,国家发展和改革委员会在启动的信息运用试点工作中将无线射频识别技术应用列为重点,并且发出了《国家发展和改革委员会办公厅关于组织开展信息化试点工作的通知》,提到"选择有条件的行业开展自主创新RFID技术的应用试点工程建设,培育我国RFID产业,有效发挥信息化在交通运输、物品流通领域的节能、降耗作用,提高国民经济运行质量和效率"。目前,国内多个省市已经应用RFID技术,建立高速公路ETC标识站,实现车辆自动识别和自动缴费功能。此外,RFID技术还被广泛应用于交通运输控制管理、停车场管理、车辆防盗和驾驶员身份识别等。

1. 工作原理

射频识别系统的基本工作原理是:读写器加电工作后发出定向查询的射频信号,

当应答器(电子标签)进入读写器的有效查询范围内时,可将自身存储的电子信息发送给读写器;读写器接收应答器发出的应答信号并处理后,才能获得应答器所存储的电子信息。应答器中所存储的电子信息代表了待识别物体的标识信息,应答器用于对待识别物体进行身份认证。这样,射频识别系统实现了非接触物体的识别目的,应答器与读写器之间的数据传输是通过空气介质以无线电波的形式进行的。射频识别系统工作原理如图 3-19 所示。

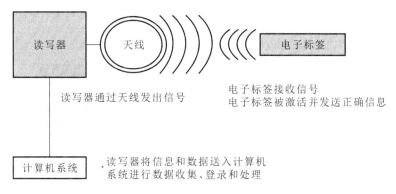

图 3-19　射频识别系统工作原理图

2. 系统组成

基于射频识别技术的车辆信息识别监测系统一般由车辆射频信息卡、车辆信息采集器和监控中心管理系统三部分组成。

(1) 车辆射频信息卡是一种有源或无源的远距离射频卡,由车辆管理部门一车一卡统一发放。无论机动车辆处于何种状态,射频信息卡均会自动应答采集器指令,便于公安干警或其他执法人员随时随地对该车辆进行检测,改变停车检查的现状。

(2) 车辆信息采集器分为手持采集器和固定采集器。采集器带有射频卡信息无线收发器、报警器、显示器和 GPRS 通信模块等功能部件,可通过 GPRS 通信模块向监控中心实时上报或下载机动车辆信息。手持采集器内存储有丢失和可疑车辆信息,并可下载更新。执法人员可用手持采集器或随车采集器对车辆进行检查。采集器在车前方 0~25 m 范围内激发车辆射频信息卡,机动车辆信息立即显示在屏幕上,发现可疑车辆自动报警,交警可对照采集到的车辆信息,确认车辆的合法性。车辆射频信息卡可与汽车防盗器连接,实现盗抢车辆自动报警。在城市道路出口或随机设立的临时检测卡口安装固定采集器,可对车辆进行快速检查。采集器通过对比已下载存储的嫌疑车辆信息库,快速发现可疑车辆并自动报警。在城市道路交叉口安装固定采集器,可以快速监测道口交通状况,如各时段交通流量、方向、车辆类型,并可与电子警察配合,准确无误地查处违章车辆;将多个路口采集的信息综合整理,可分析一定时段、一定区域内的车流量分布,以及跟踪追查肇事逃逸车辆的运动轨迹,可为刑侦工作提供侦破线索及依据。

(3) 监控中心管理系统用于监控和管理道路交通,为道路、车辆和驾驶员之间提供通信联系。监控中心管理系统将对道路系统中的交通状况、交通事故、气象状况与交通环境进行实时监控,并根据收集到的信息进行交通控制,如控制信号灯、发布诱导信息、管制道路、处理事故与救援等。图 3-20 所示为远距离 RFID 和视频采集路面监控系统。

图 3-20 远距离 RFID 和视频采集路面监控系统

3. 相关标准

目前 RFID 技术存在三个标准体系:ISO 标准体系、EPC(electronic product code,产品电子代码) Global 标准体系和 Ubiquitous ID(UID)标准体系。ISO/IEC 18000、EPC Global、日本 UID 三个空中接口协议正在完善中。

1) ISO 标准体系

国际标准化组织(ISO)和其他国际标准化机构,如国际电工委员会(IEC)、国际电信联盟(International Telecommunications Union,ITU)等,是 RFID 国际标准的主要制定机构。大部分 RFID 标准都是由 ISO(或与 IEC 联合组成)的技术委员会(technical committee,TC)或分技术委员会(sub-committee,SC)制定的。ISO 标准体系主要分为技术标准(如射频识别技术、IC 卡标准等)、数据内容与编码标准(如编码格式、语法标准等)、性能与一致性标准(如测试规范等)和应用标准(如船运标签、产品包装标准等)四大类。

2) EPC Global 标准体系

EPC Global 标准体系主要由 EPC 编码、EPC 标签及读写器、EPC 中间件、ONS

(object name service,对象名解析服务)服务器和 EPCIS(electronic product code information service,电子产品代码信息服务)服务器等部分构成。EPC Global 是由美国统一代码委员会(uniform code council,UCC)和国际物品编码协会(EAN)于 2003 年 9 月共同成立的非营利性组织,旗下有沃尔玛集团、英国 Tesco 等 100 多家欧美的零售流通企业,同时有 IBM、微软、飞利浦和 Auto-ID Labs 等公司提供技术研究支持。与 ISO 通用性 RFID 标准相比,EPC Global 标准体系是面向物流供应链领域的,可以看作一个应用标准。EPC Global 的目标是解决供应链的透明性和追踪性。透明性和追踪性是指供应链各环节中所有合作伙伴都能够了解单件物品的相关信息,如位置、生产日期等信息。为此,EPC Global 制定了 EPC 编码标准。它可以对所有物品提供单件唯一标识。EPC Global 还制定了空中接口协议、读写器协议等。这些协议与 ISO 标准体系类似,在空中接口协议方面,EPC Global 的策略尽量与 ISO 兼容,如 CiGen2 UHF RFID 标准递交 ISO 成为 ISO 18000-6C 标准。

3) Ubiquitous ID 标准体系

Ubiquitous ID 标准体系主要由泛在识别码(ucode)信息系统服务器、泛在通信器和 ucode 解析服务器等构成。ucode 是赋予现实世界中任何物理对象的唯一的识别码。Ubiquitous ID 中心由日本政府的经济产业省牵头,主要由日本厂商组成,目前有 300 多家日本电子厂商、信息企业和印刷公司等参与。该识别中心实际上就是日本有关电子标签的标准化组织。

这三个标准相互之间并不兼容,主要差别在通信方式、防冲突协议和数据格式这三个方面,在技术上差距其实并不大。

我国的 RFID 标准正在起步,在物流网与电子标签标准的制定方面,我国与相关国际机构处于同一起点。但是在国内 RFID 标准的制定方面,一直存在多组织重复运作的问题,正是由于这个原因,已经开始多年的国内 RFID 标准至今没有大的突破。2007 年 4 月,信息产业部《关于发布 800/900 MHz 频段射频识别(RFID)技术应用试行规定的通知》出台,划定 840—845 MHz 和 920—925 MHz 为 800/900 MHz 频段 RFID 技术的具体使用频率。此举被视为在 RFID 国家标准制定过程中的一大步。然而,这并不能完全改变我国 RFID 国家标准体系尚未建立的事实,我国 RFID 产业的发展仍然急需既有自主知识产权,又与国际标准接轨的 RFID 标准体系来保驾护航。我国必须坚持标准原创的战略并注意吸收融合现有技术标准的优势,只有多部委配合协调,并充分调动政府、产业和非政府组织等多方力量,统筹部署,才能形成国家标准化战略,从而保证在未来的市场竞争环境中,在全球市场上占据优势。

3.3 车载网络技术

车联网包括车内网和车外网,是 DSRC、Wi-Fi、2G/3G/4G 蜂窝通信、LTE、WLAN 等不同的无线接入技术并存的泛在网络,而不同的无线网络具有不同的特征,如何将多种无线接入技术进行协同及融合是未来无线网络发展的必然趋势,也是车联网领域需要研究的主要课题。车内网就是通过 LIN、CAN、MOST 等总线技术及各种通信技术,将车内的多个传感器及电子设备连接起来而组成的千张汽车局域网。

3.3.1 DSRC

专用短距离通信(DSRC)是一种短距离无线通信技术,它具有传输速率高、延迟短等特点,支持点对点、点对多点的通信。相对于传统的广域移动通信系统而言,它可以实现小范围内数据、音频和视频信号的实时、准确和可靠的双向传输,从而将车辆与车辆、车辆与道路有机地联系在一起,因此成为 ITS(智能交通系统)中重要的无线通信平台,为 ITS 提供高效的无线通信服务。DSRC 典型的应用包括电子不停车收费(ETC)系统和车辆的公共安全。

1. 技术概述

1) 结构体系

DSRC 系统主要由车载单元(on board units,OBU)和路侧单元(road side units,RSU)两部分组成,其体系架构如图 3-21 所示。

OBU 是安装或放置于车辆上的嵌入式处理单元,在整体结构中相当于移动终端。OBU 采用电子标签技术,电子标签内存储包括车主、车型和车辆物理参数等在内的固定信息,根据业务的需要,还可存储其他信息,如 ETC 应用还可存储支付账户、余额、交易记录和出入口编号等信息。RSU 是安装在道路的指定地点(如车道旁边、车道上方等)固定的通信设备。它保持着不同于 OBU 的实时高效的通信,实现信息的交互,其有效的覆盖区域为3~30 m。RSU 的主要参数包括频率、发射功率和通信接口等。

2) 通信协议

DSRC 的通信协议参照开放系统互联参考模型 OSI 通信协议的第一、二、七层架构,包括物理层、数据链路层和应用层。

第3章 车联网的关键技术

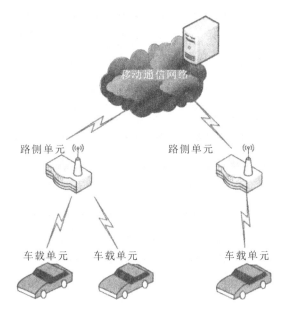

图 3-21 专用短距离通信体系架构

物理层是底层协议,主要提供帧传输控制服务和信道的激活/失效服务、收发定时及同步功能,并指示物理层状态。DSRC 物理层采用的是正交频分复用(orthogonal frequency-division multiplexing,OFDM)技术。这是由于 OFDM 技术具有光谱效率高、抑制多径衰落和接收机设计简单等优点。

数据链路层负责信息的可靠传输,提供差错和流量控制,使之对上层提供一条无差错的链路。它规定了通信帧的结构和封装形式,提供实现相应功能的程序和程序单元。数据链路层的主要模块是媒体访问控制(MAC)子层。在信号流的处理上,MAC 子层负责传输的可靠性和实现相应的控制操作。

应用层在数据链路层提供服务的基础上提供特定的应用服务,诸如实现通信初始化、释放程序、广播服务支持和远程应用相关操作等。

3) 技术优势

DSRC 技术应用于车车通信的环境,其优势可以从和其他无线通信技术的比较中得出,见表 3-2。

表 3-2 DSRC 技术与其他无线通信技术的比较

无线通信技术	时延	移动性	通信距离	传输速率	通信带宽	工作频段	IEEE 标准
DSRC	<50 ms	>60 m/h	<1 km	3~27 Mb/s	10 MHz	5.86~5.925 GHz	802.11p(Wave)
Wi-Fi	秒级	<100 m/h	<100 m	6~54 Mb/s	20 MHz	2.4 GHz、0.2 GHz	802.11a/b/g/n
蜂窝网络	秒级	<10 km/h	<10 km	<2 Mb/s	<3 MHz	800 MHz、1.9 GHz	—
WiMAX	—	<15 km/h	<15 km	1~32 Mb/s	<10 MHz	2.5 GHz	802.16e

由表 3-2 可以看出，专用短距离通信技术在性能上优于 Wi-Fi、蜂窝网络等无线通信技术；与 WiMAX 技术相比，性能相当接近，但是在实现的复杂度和成本上，DSRC 远比 WiMAX 有优势。

2. 标准化

在 DSRC 的标准化方面，国际上已形成以 CEN/TC 278、ASTM/IEEE 和 ISO/TC 204 为核心的 DSRC 标准化体系。其中，ISO/TC 204 国际标准组织主要研究应用层的协议和资源管理，制定中长距离通信标准。

欧洲 CEN/TC 278 DSRC 标准的主要特点是采用 5.8 GHz 被动式微波通信，中等通信速率（500 kb/s 上行，250 kb/s 下行），调制方式为 ASK（amplitude shift keying，幅移键控）和 BPSK（binary phase-shift keying，二进制相移键控）。

在美国的 ASTM 和 IEEE 标准中，DSRC 通信频率均为 5.9 GHz。在 ASTM 标准的基础上，发展了 IEEE 802.11p 协议组，包括 1609.1—1609.4 标准。IEEE 802.11p 标准在车载环境下，达到 3～27 Mb/s 的传输速率，大大改善了高速移动环境下的传输效果。

鉴于国际 DSRC 标准发展趋势，1998 年 5 月，我国 ISO/TC 204 技术委员会向交通部无线电管理委员会提出将 5.8 GHz 频段分配给智能交通运输系统的短距离通信（包括 ETC 系统）。

3. 关键应用

1）车路通信

车路通信中的 DSRC 主要面向非安全性应用，以 ETC 系统为代表。车辆经过特定的 ETC 车道，通过 OBU 与 RSU 的通信，在不停车和收费人员不采取任何操作的情况下，能自动完成收费过程。除此之外，DSRC 还可以用于电子地图的下载和交通调度等方面。RSU 接入后备网络后，与当地的交通信息网或互联网相连，通过 OBU 与 RSU 的通信获得电子地图和路况信息等，从而可以选择最优路线、缓解交通拥堵等。

2）车车通信

基于车车通信的 DSRC 主要应用于车辆的公共安全方面。将 DSRC 技术应用于交通安全领域，能够提高交通的安全系数。其作用是减少交通事故，减小直接和非直接的经济损失，以及减少地面交通网络的拥塞。当前面的车辆检测到障碍物或车祸等情况时，它将向后面的车辆发送碰撞警告信息，提醒后面的车辆存在的潜在危险。

3.3.2 ZigBee

ZigBee 是一种新兴的短距离、低复杂度、低功耗、低数据速率、低成本的无线网络技术。ZigBee 网络模型示意图如图 3-22 所示。

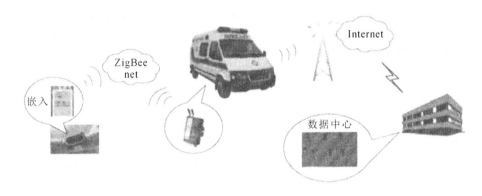

图 3-22　ZigBee 网络模型示意图

ZigBee 的物理层采用直接序列展频(direct sequence spread spectrum，DSSS)技术，媒体存取控制层沿用无线局域网(WLAN)中 802.11 系列标准的带碰撞避免的载波侦听多址访问(carrier sense multiple access with collision avoidance，CSMA/CA)方式，以提高系统兼容性，从而适用于近距离无线连接。除了安全灵活，网络容量多达 65 000 个设备以外，ZigBee 最大的优势在于成本低和使用功耗低，在低功耗待机模式下，两节普通 5 号电池可使用 6～24 个月，此外其延时极短，典型搜索设备时延为 30 ms，安全性高。ZigBee 提供了数据完整性检查和鉴权功能，采用 AES-128 (ASE，advanced encryption standard，高级加密标准)加密算法，各个应用可灵活确定其安全属性。

ZigBee 的主要应用领域包括工业控制、消费性电子设备、汽车自动化等。ZigBee 通信具备以下特点。

(1) 功耗低：由于 ZigBee 的传输速率低，发射功率仅为 1 mW，而且采用了休眠模式，功耗低，因此 ZigBee 设备非常省电。

(2) 成本低：ZigBee 模块的初始成本低，并且 ZigBee 协议是免专利费的。

(3) 时延短：通信时延和从休眠状态激活的时延都非常短，典型的搜索设备时延为 30 ms，休眠激活的时延是 15 ms，活动设备信道接入的时延为 15 ms。

(4) 网络容量大：一个星型结构的 ZigBee 网络最多可以容纳 254 个从设备和 1 个主设备，而且网络组成灵活，采用网型结构最多可扩展至含有 65 000 个节点的网络。

(5) 可靠：采取了碰撞避免策略，同时为需要固定带宽的通信业务预留了专用时隙，避开了发送数据的竞争和冲突。MAC 层采用了完全确认的数据传输模式，每个发送的数据包都必须等待接收方的确认信息，如果传输过程中出现问题可以进行重发。

(6) 安全:ZigBee 提供了基于循环冗余检验(CRC)的数据包完整性检查功能,支持鉴权和认证,采用了 AES-128 加密算法,各个应用可以灵活确定其安全属性。

3.3.3　蜂窝网络

蜂窝网络是指将服务区划分为若干个彼此相邻的小区,在每个小区设立一个基站的网络结构。由于每个小区呈正六边形,又彼此邻接,从整体上看,形状酷似蜂窝,因此人们称它为"蜂窝"网。用若干蜂窝状小区覆盖整个服务区的大、中容量移动电话系统就称为蜂窝移动电话系统,简称蜂窝移动电话。通用分组无线业务(GPRS)技术是在 GSM(global system for mobile communications,全球移动通信系统)蜂窝通信网络上发展起来的一种分组交换数据业务,按需动态分配信道资源。GPRS 频谱利用率较高,并将数据传输速率提高到 100 kb/s 以上,特别适合远程监测、交通监控等领域的中、低速率突发通信需求。GPRS 由于采用了 TCP/IP 协议(transmission control protocol/internet protocol),并且容易与现有互联网技术及其应用平台整合,因此可以使各种 IP 技术与服务同移动通信技术相结合,为用户提供各种高速高质的移动车载数据通信业务。随着对 3G(含 CDMA2000、WCDMA(wideband code division multiple access,宽带码分多路访问)和 TD-SCDMA 三种通信标准)通信模块进一步的研发、集成与应用,为了提供这种服务,无线网络必须能够支持不同的数据传输速率,即在室内、室外和行车环境中能够分别支持至少 2 Mb/s、384 kb/s 和 144 kb/s 的传输速率。

3.3.4　Wi-Fi

无线保真(Wi-Fi)是无线局域网(WLAN)的一种,符合 IEEE 802.11b 标准。它是利用无线接入手段的新型局域网解决方案。Wi-Fi 的主要特点有传输速率高、可靠性高、建网速度快、便捷、可移动性好、网络结构弹性化、组网灵活和组网价格较低等。IEEE 802.11b 采用的工作频段为 2.4 GHz 的带业务监测(in-service monitoring, ISM)自由频段,采用直接序列展频(DSSS)技术传输速率理论上可以达到 11 Mb/s,典型通信距离:5.5 Mb/s 时为 30~45 m,2 Mb/s 时为 45~75 m,1 Mb/s 时为 75~100 m。IEEE 802.11g 使用了与 IEEE 802.11b 相同的 2.4 GHz 的 ISM 自由频段。它采用了两种调制方式,即 IEEE 802.11a 所采用的 OFDM 和 IEEE 802.11b 所采用的 CCK(complementary code keying,补码键控),使 IEEE 802.11g 不仅达到了 IEEE 802.11a 的 54 Mb/s 的传输速率,同时还实现了与现在广泛存在的采用 IEEE 802.11b 标准的设备的兼容。IEEE 802.11g 已经被大多数无线网络产品制造商选作下一代无线网络产品的标准。

3.4 车联网数据处理技术

车联网数据处理技术的研究重点包括四个方面:(1) 云计算技术;(2) 多源数据预处理技术;(3) 数据加密与隐私保护技术;(4) 大数据存储技术。

3.4.1 云计算技术

云计算和车联网都是当代科技迅猛发展的高新技术产物。一方面云计算需要从概念构想走向应用实践,另一方面车联网的大量交通数据需要强大的支撑平台对其进行处理分析,因此,云计算和车联网的结合可以实现优势互补,具有十分重要的应用价值。云计算与车联网相结合需要攻克的关键技术主要有基于云计算的交通数据处理、基于云计算的交通信息应用和基于云计算的交通信息安全等。基于云计算的车联网信息服务体系示意图如图 3-23 所示。

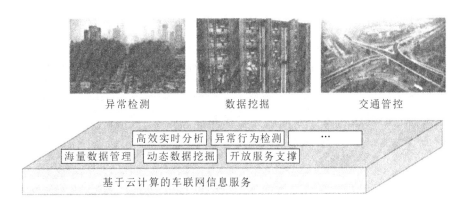

图 3-23 基于云计算的车联网信息服务体系示意图

1. 基于云计算的交通数据处理

为保证高可用性、高可靠性和经济性,云计算一般采用分布式存储的方式存储数据,并采用冗余存储的方式(即为同一份数据存储多个副本)进一步保证存储数据的可靠性。大部分云计算都采用由 Hadoop 团队开发的 HDFS(Hadoop 分布式文件系统)数据存储技术。交通数据具有数据信息量大、数据波动严重、信息实时处理性高、数据共享性高、可用性和稳定性高等特点。这对交通数据的存储、处理和管理提出很高的要求。交通云的数据存储技术的重点主要集中在超大规模的数据存储、数据加密、安全性保证和 I/O(输入/输出)速率提高等方面。如何研发出适合交通云数据存储的技术是个亟待解决的课题。

云计算强大的计算能力能对庞大、复杂而又无序的交通数据进行分析处理,然而非云计算技术人员并不能很好地利用这些资源,因此,建立一个完善的云计算平台是目前广泛研究的技术难点之一。而基于云计算平台的交通数据建模和索引、交通数据的分布式处理和融合、交通流动态预测也将是未来交通云研究的重点方面。

云计算对大量的交通数据进行处理、分析并向用户提供服务,必须以可靠、高效的数据管理技术为基础。云系统的数据管理一般采用数据库领域中列存储的数据管理模式,将数据表按列划分后存储。当前应用比较广泛的是谷歌提出的 BigTable 数据管理技术。BigTable 采用列存储的方式,能极大地提高数据读取效率,但也存在一些缺点,如表内的数据格式单一、数据难以切割存储等。结合 BigTable 技术创新地提出新的云计算数据管理技术是云计算研究的重点之一。此外,如何提高对规模巨大的交通信息数据进行更新的速率,也是云计算数据管理技术必须解决的问题。

2. 基于云计算的交通信息应用

云计算提供的服务按照其应用模式可分为基础设施即服务(IaaS)、平台即服务(PaaS)和软件即服务(SaaS)。IaaS 提供给用户的服务是对所有设施的利用,包括处理、存储、网络及其他基本的计算资源,用户能够部署和运行任意软件,包括操作系统和应用程序。PaaS 提供给用户的服务是能够将用户自己开发的应用程序部署到供应商的云计算基础设施上。SaaS 提供给用户的服务是让用户能通过网络设备访问供应商提供的应用程序和软件等。这三层服务结合起来,就形成了云计算 SPI 模型,如图 3-24 所示。

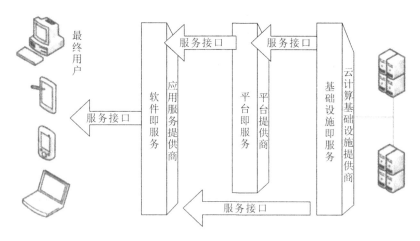

图 3-24 云计算 SPI 模型

交通云领域中已经提出了地理信息服务、信息发布服务、出行诱导服务等 SaaS。这些云服务尚处于起步阶段，在应用过程中存在或多或少的一些问题，且只涉及云服务的 SaaS 服务层。从长远来看，构建的交通云中 IaaS、PaaS 和 SaaS 的应用缺一不可。如何提供基层的 IaaS 服务和如何为交通管理者提供研发新的交通管理软件平台的 PaaS 服务将是当前交通云研究的热点问题。此外，如何建立起完整的三级云计算服务体系并将这些服务付诸实际应用将是交通云技术研究的重难点之一。

3. 基于云计算的交通信息安全

云计算由于其用户和信息资源的高度集中，所具有的安全风险比传统应用的大很多。交通信息的安全性直接关系到整个交通网络的命脉，信息安全一旦出现了问题，其后果将不堪设想。交通云的信息安全问题主要有交通数据存储安全问题、交通云平台可用性安全问题和云平台遭受攻击的安全问题等。解决交通云安全的主要方法是将交通云构建成混合云：将交通数据中心搭建成私有云，并将基础架构虚拟化，通过虚拟架构查看、监控、管理虚拟资源，实现远程控制；将面向公众的交通信息服务平台构建成公共云，向公众提供各种交通信息服务；并在私有云和公共云之间设置防火墙，有效地防止数据中心与外界相连（见图 3-25）。更深一步的有关交通云信息安全的措施则需进一步研究。

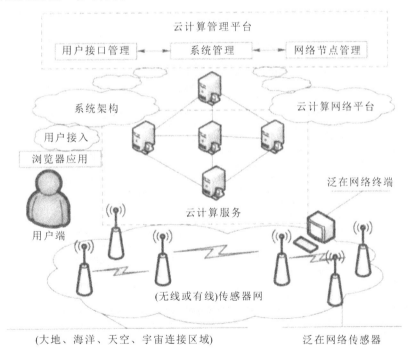

图 3-25 基于云计算的交通信息安全

3.4.2 多源数据预处理技术

从采集源传来的数据可能因传输设备故障、路面交通状况的异常而造成信息不全或存在错误的数据,所以需要对这些数据进行预处理。车联网中会有多种不同类型感知设备的感知数据,对应于同一交通参数的信息,通过对多源异构数据进行预处理,可以减小后续数据处理的复杂度和数据处理量,通过多源异构数据之间的相互校验、相互补充,可以提高多源异构数据预处理后参数的可信度。

综上所述,在防止错误数据方面,首先要通过预处理检索、定位出奇异数据,分析该数据的正确性,若为错误数据则剔除该数据,然后根据历史同期数据统计分布规律,差值补充上合理数据;在防止数据的丢失方面,首先要通过预处理得到所缺少的数据项,然后根据历史同期数据的统计分布规律,差值补齐。

这一领域的研究重点是如何通过制定多源异构数据的格式标准,对多源数据进行校验优化,选择分集,从而实现数据的预处理。

3.4.3 数据加密与隐私保护技术

作为一种多网融合的网络,车联网安全涉及各个网络的不同层次的安全(见图3-26)。在这些独立的网络(特别是移动通信网和互联网)中实际上已应用了多种安全技术,但由于资源的局限性,对车联网中的感知网络安全研究的难度较大。

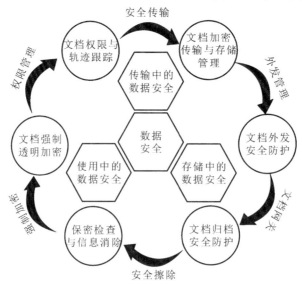

图 3-26　车联网安全

这一领域的研究重点包括对分布式节点安全模块、信息共享机制、用户身份认证、权限管理和数据安全传输协议等的研究,以实现对采集到的多源数据进行加密和隐私保护。

3.4.4 大数据存储技术

大数据存储如图 3-27 所示。

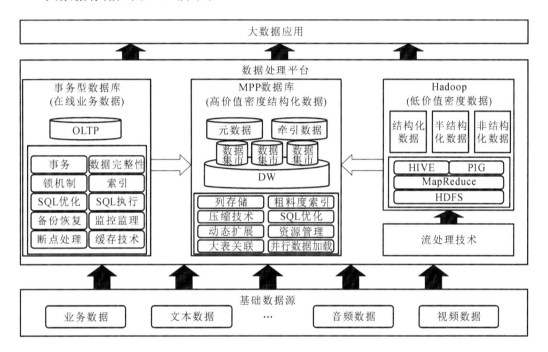

图 3-27 大数据存储

信息存储方式包括本地存储、海存储和云端存储。原始感知数据和预处理阶段数据通过本地存储/海存储方式提供给各类感知平台,用于现场情况处理,而无异常情况下的日常感知数据通过互联网由云端存储服务器处理和保存。

公路智能交通系统特有的分布式形态、特殊事件时空特征的随机因素和特殊事件快速反应的需求对感知信息存储方式提出了新的要求。通过对事件的性质进行分析,对潜在用户(包括控制人员和响应机制)进行判别,并对事件和用户的地理位置信息进行优化、匹配,应用于公路智能交通系统的大数据存储技术应能实现对信息进行分布式存储,提高海存储数据查询速度和使用效率。其体系架构主要包括数据存储模型与协议,协同存储架构与算法,数据定位、挖掘与获取,广域数据管理,数据存储安全机制,评价体系等。

第 4 章

车联网安全技术

CHELIANWANG ANQUAN JISHU

当前,车联网中的信息安全问题是人们广泛关注的焦点,也是整个车联网技术中的难点。车联网技术中的安全性和可靠性将决定车联网的推广普及程度,是车联网走向大规模应用的前提和基础。本章从应用角度分析车联网的安全风险。车联网在现有的网络基础上扩展了感知网络和应用平台,车联网是物联网的应用延伸,而应用延伸的末端是感知层的系统和设备。因此,车联网除了面临物理、网络、系统、应用和管理等层面的安全风险以外,还面临感知层方面的安全风险。另外,本章还提出了安全防护体系,并给出了一些国家的车联网安全防护政策以供借鉴参考。

4.1 车联网安全风险概述

4.1.1 车联网安全事件

车联网,是物联网概念在交通系统中的典型应用。它以车内联网、车际联网、车载移动互联为基础,通过各种已有和新兴的通信协议标准进行数据和信息交换,实现智能服务和智能控制。

随着车联网范围的扩大,安全攻击的来源也将相应增多。车联网的信息安全事件已经发生过多起。

2010年,美国得克萨斯州的一名汽车销售店的雇员因不满被解雇采用报复手段。他登入公司汽车管理账户,恶意操纵之前销售出去的100多辆汽车,使得这些车辆的某些功能失效。

2013年夏季的DEFCON黑客大会上,美国研究人员对福特公司和丰田公司的汽车进行了破解演示。他们用计算机控制汽车转向盘、制动等,并在2014年4月和8月分别在SyScan和Black Hat安全会议上公布了他们新的研究成果。

2014年7月,VisualThreat团队演示了第一款对汽车进行攻击的手机安卓应用。假设此类移动应用通过传统手机病毒传播方式使汽车病毒被下载到手机上,那么潜在攻击者则不需要对汽车技术有深刻的理解,就可以对汽车进行攻击。这将使得攻击技术门槛变得很低。

2015年1月,宝马公司被爆出其车载系统Connected Drive存在安全漏洞,黑客可以利用这一漏洞远程攻击安装这种车载系统的200万辆汽车。

2015年2月9日,美国国防部高级研究计划局(DARPA)发现美国通用安吉星OnStart系统存在漏洞,导致黑客可以利用它来远程操控汽车。美国通用安吉星On-

Start 系统是最有名、最老牌的汽车智能服务系统之一。

4.1.2 车联网安全防护政策

在美国,为了防止车联网系统受到黑客攻击侵害,影响国家安全,美国在智能交通建设初期就依据1996年7月15日克林顿总统发布的关于关键基础设施保护的130号指令,将智能交通系统(ITS)列入包括电力系统、银行和金融系统在内的通信系统和交通系统的关键基础设施之一,要求其具备相应的安全保护能力。此后针对ITS,美国于1999年发布了ITS的公平信息和隐私原则(Fair Information and Privacy Principles),对ITS产业保护个人隐私重要性提供了概要性原则。美国交通部在2011年11月发布的一项报告中,要求建立相应的法律、法规,例如出台政策要求系统中不存储可辨识个人身份的信息、不存储和记录汽车的行车位置、只传递应用所需的基础安全消息等。2014年10月,美国国家标准及技术协会(NIST)制定《车联网网络攻击防护安全框架》。

在欧盟,欧盟要求车联网实施相应的安全措施和数据保护措施,并颁布了相关法规,主要包括如下内容。

(1) 欧盟95/46/EC数据保护指令和各成员国的实施细则,以及欧盟2002/58/EC的数据保护指令规定:必须且只有经过用户同意才能够对数据进行处理,电子通信系统需要对数据进行保护并对网络进行安全防护。

(2) 欧盟ITS行动计划(ITS Action Plan)和2010/40/EU指令明确了ITS应用系统必须使用最小化的数据,限制数据的使用,并对用户数据进行匿名化和集成化处理,以保证车联网的安全。

澳大利亚政府于2011年成立了交通与设施常务委员会以负责智能交通的推广与实施,其中安全防护和隐私保护一直是智能交通实施中的核心问题。部分机构将位置信息等敏感数据挪为他用,导致了汽车使用者隐私信息的泄漏。澳大利亚政府将在智能交通项目设计阶段和安全测试阶段考虑数据保护和防止滥用问题。

4.1.3 车联网安全风险分析

相较于传统网络,车联网感知节点大都部署在无人监控的环境中,具有能力脆弱、资源受限等特点,传统网络安全措施不足以为其提供可靠的安全保障,从而使得车联网的安全问题具有特殊性。在解决车联网安全问题时,必须根据车联网本身的特点建立相关的安全机制,同时也要按照国家等级保护标准进行安全等级设计。

1. 感知层安全风险

车联网前端各类信源基本上通过无线通信传输信息,通常车联网信源层安全风险有以下特点:信源本身的访问缺陷,无线链路比较脆弱,网络拓扑动态变化,通信方式多种多样,节点计算能力、存储能力和能源有限,现场干扰大、环境差,机器无法感知安全隐患,信息量较小,缺乏后期节点布置的先验知识,布置区域的物理安全无法保证,节点安全、整个网络的安全与应用密切相关。因此,车联网前端感知网无法使用传统的安全机制,必须采用轻量级的解决方案。感知网的安全需求注重感知信息(一般是小量信息)的稳定可靠性、真实性和机密性。

2. 基站系统安全风险

基站系统安全风险包括:

(1)地震、水灾和火灾等灾害造成整个系统的毁灭;

(2)电源故障造成设备断电,导致操作系统引导失败或数据库信息丢失;

(3)设备被盗、被毁造成数据丢失或信息泄漏;

(4)电磁辐射造成数据信息被窃取或被偷阅。

3. 网络链路层安全风险

入侵者不仅可能到内部网上进行攻击、窃取或其他破坏,而且有可能会在传输线路上安装窃听装置,窃取网上传输的重要数据,再通过一些技术读出数据信息,从而造成泄密或者做一些篡改来破坏数据的完整性。以上种种不安全因素都对网络构成严重的安全威胁。网络链路层安全风险包括:

(1)拒绝服务攻击、欺骗攻击会造成服务器服务的中断,影响业务的正常运行;

(2)通过网络抓包技术,获得系统用户名和口令等关键信息或其他机密数据,进而假冒内部合法身份进行非法登录,窃取内部网重要信息;

(3)通过扫描软件获取其他用户系统或服务器的各种信息,并利用这些信息对整个网络或其他系统进行破坏;

(4)病毒,尤其是蠕虫病毒爆发,将使整个网络处于瘫痪状态。

4. 系统层安全风险

一方面,操作系统的代码庞大,都在不同程度上存在一些安全漏洞。一些应用广泛的操作系统(如 UNIX、Windows NT/2000 和移动终端 Android 系统)的安全漏洞更是众所周知。另一方面,系统管理员或使用人员对复杂的操作系统及其安全机制了解不够,可能导致配置不当,从而也会造成安全隐患。

操作系统自身的脆弱性将直接影响业务应用系统的安全。

5. 应用层安全风险

由于车联网应用系统复杂多样，某一种特定的安全技术不能完全解决应用系统的所有安全问题。一些通用的应用程序（如 Web server 程序、FTP(file transfer protocol，文件传送协议)服务程序、Email 服务程序、浏览器和 Office 办公软件等）自身的安全漏洞和因配置不当而造成的安全漏洞会导致整个网络的安全性下降。

6. 管理层安全风险

管理层的安全风险如下。

（1）内部管理人员或员工把内部网络结构、管理员用户名和口令、系统的一些重要信息传播给外人，带来信息泄漏风险。

（2）机房重地允许任何人进出，来去自由，存有恶意的入侵者便有机会得到入侵的条件。

（3）熟悉服务器、小程序、脚本和系统弱点的员工，利用网络故意进行破坏，如传出至关重要的信息、错误地进入数据库、删除数据等。这些都将给网络造成极大的安全风险。

（4）非法人员进入重要部门或机房，非法获得资料或对设备进行破坏。

（5）员工有意、无意地共享硬盘中重要信息目录，使其长期暴露在网络邻居上，从而可能被外部人员轻易偷取或被内部其他员工窃取并传播出去造成泄密。

7. 系统运营效率问题

系统建设涉及网络、主机、移动终端、基础设施、安全、应用和业务等层面，每个层面又包括许多信息基础设施。这样庞大的信息基础设施，仅仅靠技术人员以手工方式管理是不可行的，而众多的技术与设备的应用又在相当程度上加重了系统与管理人员的负担。效果(effect)和效率(efficiency)是服务管理的主要目标。运维的主要目的是保证手段的应用能够达到预期的良好效果，提高效率。因此，如何保证运维工作的有效性(有效果和有效率)，是管理人员面临的主要难题。由于系统基础设施复杂，业务和数据集中方式对系统的可用性要求非常高，而研究显示，在系统运维方面有 60% 甚至更多的事故都与人类的活动有关，包括例行的维护、关键系统的重新配置、维护任务和人为失误等。因此，维护人员的活动需要靠配套管理机制来规范和指导，最大程度发挥维护人员运维管理工作的能动性、主动性和准确性。

4.2 车联网安全体系

4.2.1 车联网安全体系概述

为了保证车联网系统能够长期、安全、稳定、可靠、高效地运行,系统需要依据不同的保护对象和安全需求建立分层的安全防护体系。根据以上风险分析,整个车联网的安全防护需要在我国相关法律、法规及政策的支持下,先分别设计各层的安全防护措施,再建立统一的安全管理平台,提升网络安全水平、可控制性和可管理性,使各种安全产品相互支撑、协同工作,应用效能得到充分的发挥。

4.2.2 车联网安全系统的整体架构

车联网安全系统的整体架构如图 4-1 所示,该系统可分为四层:感知信源层、基站集群层、网络传输层和应用服务层。每个层面的保护对象不同,安全需求也不同,依据不同保护对象和安全需求建立分层的防护体系。防护体系由感知信源层安全、基站集群层安全、网络传输层安全和应用服务层安全组成。为实现应用服务层细化安全防护,应用服务安全又分为服务环境安全、服务接入安全和服务平台安全。另外,在感知信源层和基站集群层之间还需要充分考虑信息交互安全需求。同时考虑车联网运营安全性,把运营安全管理独立出来进行重点考虑。各防护层实现作用如下。

(1) 感知信源层安全:实现车辆电子标识、视频信息、路网环境和车辆等各种资源的安全保护。

(2) 基站集群层安全:实现采集基站、监控基站、移动基站和便携终端等的安全保护。

(3) 网络传输层安全:实现各终端与数据中心的双向数据传输安全。

(4) 应用服务层安全:

① 服务环境安全,实现车联网(物理环境、网络系统、主机系统等)服务支撑基础环境安全保护;

② 服务接入安全,实现行业用户、公网用户接入安全保护;

③ 服务平台安全,实现车联网业务平台安全保护。

运营安全管理从管理角度,利用技术和管理相结合的安全手段,保障整个车联

车联网服务			车联网安全	
服务层	保护对象	安全需求	安全防护层	安全措施
应用服务层	• 商务服务 • 运营服务 • 信息服务 • 个人服务	• 服务可用性 • 信息保密性 • 信息完整性	• 服务环境安全	• 物理层安全 • 网络层安全 • 系统层安全
			• 服务接入安全	• SSL VPN • PKI/CA
			• 服务平台安全	• 认证、授权、审计 • 代码审核、Web防护 • 安全运维和管理
网络传输层	• 无线网络信息 • IP网络信息	• 信息完整性 • 信息保密性	• 网络传输安全	• IP通道加密 • 无线通道加密
基站集群层	• 固定基站 • 移动基站 • 便携基站	• 基站可用性	• 基站集群安全	• 系统安全监控 • 设备安全监控 • 病毒安全防护 • 边界安全防护
感知信源层	• 交互信息	• 保密性和完整性	• 信源交互安全	• 认证、加密、签名
	• 标签、识读器 • 摄像头、传感器 • 传感器网络等	• 信源信息保密性	• 感知信源安全	• 智能卡加密和签名

车联网安全防护模型

图 4-1 安全系统整体架构图

网数据中心业务安全运营。按照上述安全系统整体架构,安全防护架构如图 4-2 所示。

4.2.3 安全保障措施

为了保证车联网系统能够长期、安全、稳定、可靠、高效地运行,系统需要具有安全保障措施,主要从以下方面考虑。

1. 感知信源层安全保障措施

车联网感知信源层的信息量种类繁多,通信方式也是多渠道的,所以要确保车联网海量感知信息的可靠获取必须要有安全保障措施。基本做法是建立可信支撑平台,对各类信息进行有效地分类处理,对同一类信息可实行统一安全通信协议,通过加密和签名等技术进行安全保障,不同信息之间按照设备终端编号进行设备认证,同时对车辆的标识信息进行唯一性保障,防止克隆和重复使用等。通过可信支撑平台确保车联网内数据不外泄,并保证网内各用户通过安全权限和认证体系进行通信。车联网可信支撑平台包括车联网可信接入平台和车联网管理平台两部分,二者均部

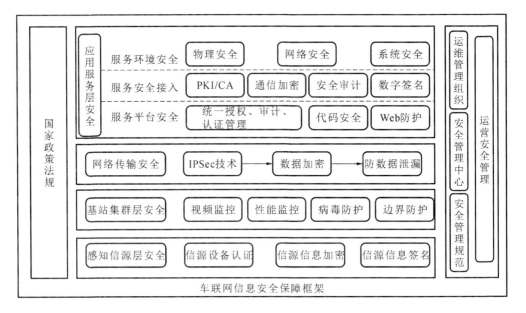

图 4-2 安全防护架构图

署在车联网数据中心。车联网可信接入平台实现车联网信源认证、签名验证和完整性验证。车联网管理平台负责对信源进行管理,如标识卡认证、密钥、算法初始化和用户信息输入。

车联网可信接入平台功能如下。

(1) 在传感器设备和基站数据中心之间,采用认证协议对传感器进行设备认证。该协议负责定时对传感器设备进行身份认证,确定传感器是否完好。

(2) 在传感器设备和数据中心之间,建立对数据进行数字签名和数据完整性验证(签名验证)的协议。该协议负责对传感器采集的信息进行完整性验证,保证传感器采集的信息数据完整、可信(没有被篡改)。

(3) 在传感器设备和数据中心之间,建立数据保密传输协议。该协议负责对传感器采集的信息进行加/解密,保证传感器采集的信息安全传输到数据中心。

2. 基站集群层安全保障措施

基站运行系统安全:对所有采集计算机布设防病毒软件和防火墙,对操作系统设置登录用户权限管理。基站设施实现了车联网信息的前端收集和转发,采用设备监控措施对基站系统性能、物理端口、服务端口和硬件运行状态等进行实时监控,出现问题及时上报和处理,保障基站系统的稳定性和可靠性。基站整个系统被部署在室外,物理上脱离了车联网数据中心的控制范围,需要集成远程视频监控和报警机制进行全天 24 h 远程监控,如果出现基站整合系统破坏事件,相关人员可以第一时间到现场进行处理和解决。

3. 网络传输层安全保障措施

为了实现车联网前端采集的车辆电子信息的安全传输,保障基站采集数据的完整性和一致性,需要以车联网数据中心为中心,建立 IPSec(IP 安全协议)隧道加密技术体系,对车联网基站采集的数据进行加密传输,防止车联网基站采集的数据被非法篡改和截获。另外,对于以无线方式传递信息的基站,应使用无线加密隧道上传无线基础信息数据。

4. 应用服务层安全保障措施

1)应用防火墙

普通防火墙能够实现网络层安全防护,而应用防火墙能在 OSI 模型第七层阻断已知和未知的攻击。它通过执行细粒度的安全策略来保证运营数据中心、Web 应用系统及其数据免遭各种攻击。应用防火墙能够抵御的各种威胁见表 4-1。

表 4-1 应用防火墙所抵御的威胁

威胁	手段	后果
注入式攻击	通过构造 SQL 语句对数据库进行非法查询	黑客可以访问后端数据库,偷窃和修改数据
跨站脚本攻击	通过受害网站在客户端显示不正当的内容和执行非法命令	黑客可以对受害者客户端进行控制,盗窃用户信息
上传假冒文件	绕过管理员的限制上传任意类型的文件	黑客可以篡改网页、图片和下载文件等
不安全本地存储	偷窃 Cookie 和 Session Token 信息	黑客获取用户关键资料,冒充用户身份
非法执行脚本	执行系统默认的脚本或自行上传的 Wed Shell 脚本等	黑客完全控制服务器
非法执行系统命令	利用 Web 服务器漏洞执行 Shell 命令 execute 等	黑客获得服务器信息
源代码泄露	利用 Web 服务器漏洞或应用漏洞获得脚本源代码	黑客分析源代码从而更有针对性地攻击网站
UBL 访问限制失效	访问非授权的资源链接	黑客可以强行访问一些登录网页、历史网页

为了对运营数据中心对外公开的应用服务进行深层次安全保护,建议在外网防火墙防护基础上再部署一层应用防火墙,以实现业务应用层安全防护,避免系统遭受来自互联网的各种应用攻击,另外,为了防止应用防火墙出现单点故障,可部署 2 套应用防火墙,实现双机热备份。

2) SSL VPN

综合车联网的情况，按不同的安全域划分，其涉及的对象有行业专用网、运营数据中心网络、行业用户和公网用户四类。运营数据中心需要为行业用户和公网用户提供服务业务，为了防止和避免行业用户和公网用户访问的信息在互联网上被非法地修改、截获或破坏，建议在安全接入区的交换机上部署一套 SSL VPN（指采用 SSL（secure sockets layer，安全套接层）协议来实现远程接入的一种新型 VPN（virtual private network，虚拟专用网）技术）系统，使行业用户和公网用户安全接入。行业用户和公网用户与 SSL VPN 设备之间的通信，采用了 SSL 加密的手段，保证了这些敏感的数据在不可信任的互联网上的安全传输。

SSL VPN 能够实现的安全目标如下。

（1）远程用户数据保密性。VPN 在用户传输数据包之前将其加密，以保证数据的保密性，防止用户数据在互联网传输过程中被窃听，造成信息泄露。

（2）用户访问权限管理。采用 URL（uniform resource locator，统一资源定位符）、应用、服务器或文件级别的细粒度的安全授权访问控制。

（3）用户访问安全审计。通过易于了解的清晰格式提供细粒度的审计和日志记录功能，可逐用户、逐目的、逐事件的进行记录。

（4）用户终端安全准入。以用户开始接入到会话结束过程中，检查客户计算机安全性，不允许不符合安全要求的客户计算机远程接入办公信息系统。

3) CA 认证

由于互联网的广泛性和开放性，信息系统在发展建设的同时也出现了众多信息安全隐患。近年来，随着信息系统的深入建设，用户账号被盗用、重要信息被越权访问、非法信息被发布、重要数据被篡改等安全事件时有发生，并呈上升趋势。目前，CA（certification authority，认证机构）认证技术是一种安全可靠的身份认证手段，同时这种技术手段也符合国家安全技术规范要求，但是独立建设 CA 认证技术平台存在如下方面的现实困难。

（1）政策许可方面：我国对证书认证系统的技术鉴定和认证中心的资质审查非常严格。

（2）资金投入方面：需要涉及系统建设、物理场地建设和网络建设等一系列高额投入，初期投入巨大。

（3）后期运营维护方面：需建立专门的运营管理团队，并有具备业务维护和技术维护能力的专业人员。

（4）风险方面：电子认证服务系统在运营时需要承担相应的法律责任和运营风险。

直接使用第三方 CA 提供的数字证书服务也存在一些现实的困难和不便。主要表现在以下方面。

（1）管理难度大。大量直接使用第三方 CA 提供的证书会使证书应用机构对证书管理难度加大，对应用的安全性造成一定的影响。

（2）证书申请复杂度高。直接使用第三方 CA 提供的证书服务要求证书申请人向第三方 CA 递交申请资料，会在一定程度上增加证书申请的难度和复杂度。

基于以上原因，建议在业务层面和国家授权的第三方认证中心合作，建立 CA 认证系统的合作 RA（registration authority，注册机构服务）系统以解决上述问题。合作 RA 系统作为第三方认证中心 CA 的服务延伸，主要作用为证书发放的审核，包括用户信息的录入、用户信息的审核、证书申请、证书注销、证书更新和证书恢复等功能，等同于一套功能完备的证书信任系统。

在运营数据中心网络安全接入区部署第三方认证中心扩展的 RA 系统，利用扩展的 RA 系统对行业用户和公众用户发放电子证书，并联合 CA 认证服务器，实现高强度的身份认证。

4）用户安全管理

保护车联网应用系统主要是控制用户对资源的操作，确定用户的可信性是第一步。在车联网应用系统中，用户的身份和授权应该统一定义，以实现完整的、一体的用户强认证和授权，每个用户只能使用那些完成必要任务所需的功能，只允许访问经过确认的业务应用服务和设备。这样，通过严格的用户认证和授权验证措施，增强了对用户的管理控制。同时，可通过采用应用接口集成方式，把具有认证、授权、审计和单点登录功能的系统和物联网应用系统进行接口集成，实现车联网应用系统用户集中认证、授权和审计，具体描述如下。

（1）集中账号管理。由系统自动同步不同系统下的账号，便于用户集中认证、授权和审计。

（2）集中身份认证。选择不同的身份认证方式，加强身份认证手段，提高系统安全性。

（3）集中访问授权。采用基于角色的授权管理方式，实现授权细化管理。

（4）集中安全审计。对用户行为集中审计，实现用户非法行为审计、跟踪和取证。

（5）统一单点登录。认证后根据授权信息展现可访问资源列表，安全认证由后台系统自动完成，避免登录多个系统要频繁输入密码。

用户访问边界应设置统一门户（portal）。统一门户采用 OTP（one-time password，一次性口令）、CA 等认证方式对用户进行合法性认证。如果认证通过，用户将得到被授权访问的资源列表，通过单点登录模块实现只需要登录一次就可以访问所有相互信任的应用系统，安全审计模块会对用户访问行为进行审计记录，安全监控模块对非法信息流进行及时的分析和报警。

5）软件代码审核

代码安全漏洞往往是黑客入侵的重要途径，车联网安全防护手段再好，如果车联网系统在软件设计上存在代码安全漏洞，黑客也能够突破安全防护手段，利用代码安全漏洞进入车联网系统。因此，在车联网系统软件设计上要进行软件代码安全性审核，在车联网系统上线之前和之后应采用专业模拟渗透机制对系统软件进行实践性的安全检测。

6）门户系统安全

门户网站服务系统是运营服务系统的重要实现形式，所有的商用服务都可以通过门户网站的形式实现，如信息服务子系统、清分结算和 Call Center 子系统。除了这些子系统以外，门户网站服务系统还提供新闻、公告、通知、留言和投诉的窗口，以及便民服务、资料下载、宣传等功能。门户网站服务系统应该得到高强度的保护，为门户网站服务系统划分独立的安全区，在安全区部署 Web 防护。

5. 运营安全管理

以上针对每一层所设计的安全防护措施都能够在特定方面发挥一定的作用，但是如果没有有效的统一管理调度机制将它们组织起来，它们的应用效果就得不到充分的发挥。因此，在运营数据中心网络管理区部署统一安全管理平台也十分必要，这样可以在一个统一的界面中对网络中产生的大量日志信息和报警信息进行统一汇总、分析和审计，监视网络中所有安全设备的运行状态，只有这样，才能实现总体调控、集中监控、统一管理、智能审计和多种安全功能模块之间的互动，从而形成智能化、网络化、节约型的网络安全管理局面。

1）安全审计

虽然通过部署防火墙和入侵检测系统可以有效防止和检测各种网络攻击，但是对于内部用户滥用网络资源，利用系统正常开放的服务进行越权访问、非法操作或无意破坏等行为，防火墙和入侵检测很难防止和检测。因此，需要在运营数据中心业务应用区和存储备份区交换机上部署安全审计系统,对所有访问内部业务的用户访问行为进行监控和审计。

网络安全审计要求:

① 应对网络系统中的网络设备运行状况、网络流量、用户行为等进行日志记录;

② 审计记录应包括事件的日期和时间、用户、事件类型、事件是否成功,以及其他与审计相关的信息;

③ 应能够根据记录数据进行分析,并生成审计报表;

④ 应对审计记录进行保护,避免受到未预期的删除、修改或覆盖等。

主机安全审计要求:

① 审计范围应覆盖服务器和重要客户端上的每个操作系统用户和数据库用户;

② 审计内容应包括重要用户行为、系统资源的异常使用和重要系统命令的使用等系统内重要的安全相关事件;

③ 审计记录应包括事件的日期、时间、类型、主体标识、客体标识和结果等;

④ 应能够根据记录数据进行分析,并生成审计报表;

⑤ 应保护审计进程,避免受到未预期的中断;

⑥ 应保护审计记录,避免受到未预期的删除、修改或覆盖等。

应用安全审计要求:

① 应提供覆盖每个用户的安全审计功能,对应用系统重要安全事件进行审计;

② 应保证无法单独中断审计进程,无法删除、修改或覆盖审计记录;

③ 审计记录的内容至少应包括事件的日期、时间、发起者信息、类型、描述和结果等;

④ 应提供对审计记录数据进行统计、查询、分析和生成审计报表的功能。

2) 安全检测

由于功能复杂、代码庞大,操作系统、数据库系统、应用软件系统和一些网络设备系统均不同程度存在一些安全漏洞和一些未知的"后门",且一般情况下很难发现,因此对主要服务器进行安全评估是非常重要的。采用安全评估手段对网络和系统安全漏洞进行扫描检测,提前发现安全漏洞,并加以修补,可以使安全风险降到最小。在运营数据中心业务应用区和存储备份区交换机上部署一套漏洞扫描系统,定期检测服务器的操作系统、数据库系统配置,识别安全隐患,评测安全风险,提供改进措施,帮助安全管理员控制可能发生的安全事件,最大可能地消除安全隐患。同时,应采用终端管理补丁分发功能和人工加固方式实施安全加固。

3) 安全加固

操作系统、数据库系统、应用系统和网络设备系统均不同程度存在一些安全漏洞，这也是黑客攻击得手的关键因素。因此，应对运营数据中心网络系统、安全系统、操作系统、数据库系统和应用系统提供安全配置、补丁安装等服务，提高系统自身的安全防护能力。对系统自身安全漏洞进行修补，应采用终端管理补丁功能，实现智能化的安全漏洞修补。系统自身安全配置优化和设置需要采用人工加固方式进行。

4) 病毒防护

为了防止主机系统遭受来自外部或内部病毒、恶意代码、木马等的攻击，建议在运营数据中心网络部署防病毒系统，在运营数据中心网络管理区部署防病毒管理中心，同时在管理终端和服务器上安装防病毒客户程序，并由防病毒管理中心实现统一策略制定、分发和监控。

5) 安全管理

随着非法访问、恶意攻击等安全威胁不断出现，防火墙、VPN、IDS（intrusion detection system，入侵检测系统）、防病毒、身份认证、数据加密和安全审计等安全防护和管理系统或技术在网络中得到了广泛应用。虽然这些安全产品能够在特定方面发挥一定的作用，但是这些产品大部分功能分散，形成了相互没有关联的、隔离的"安全孤岛"。各种安全产品彼此之间没有有效的统一管理调度机制，不能互相支撑、协同工作，从而无法充分发挥各自的应用效能。从网络安全管理员的角度来说，最直接的需求就是在一个统一的界面中监视网络中各种安全设备的运行状态，对产生的大量日志信息和报警信息进行统一汇总、分析和审计。同时，在一个界面完成安全产品的升级、攻击事件报警和响应等功能。但是，现今网络中的设备、操作系统和应用系统数量众多，构成复杂，异构性、差异性非常大，而且各自都具有自己的控制管理平台，网络管理员需要学习、了解不同平台的使用与管理方法，并应用这些管理控制平台去管理网络中的对象（设备、系统和用户等），工作复杂度非常大。因此，建议在运营数据中心网络的管理区部署一种新型的整体网络安全管理解决方案——统一安全管理平台，来总体配置、调控整个网络多层面、分布式的安全系统，实现对各种网络安全资源的集中监控、统一策略管理、智能审计和多种安全功能模块之间的互动，从而有效简化网络安全管理工作，提升网络的安全水平、可控制性和可管理性，降低用户的整体安全管理开销。

6) 安全运维

安全运维要求在网络运维过程中做好技术设施安全评估、技术设施安全加固、安全漏洞被打补丁和安全事件应急响应等运维保障工作,及时发现并修复信息系统中存在的安全隐患,降低安全隐患被非法利用的可能性,并在安全隐患被利用后及时加以响应。安全运维工作包括如下内容。

(1) 设备管理。对网络设备、服务器设备、操作系统运行状况进行监控和管理。

(2) 应用服务。对各种应用支持软件如数据库、中间件、群件及各种通用或特定服务进行监控、管理,如对邮件系统、DNS(domain name system,域名系统)、Web 等的监控与管理。

(3) 数据存储。对系统和业务数据进行统一存储、备份和恢复。

(4) 业务。包含对企业自身核心业务系统运行情况的监控与管理,对于业务的管理,主要关注该业务系统的 CSF(critical success factor,关键成功因素)和 KPI(key performance indicator,关键绩效指标)。

(5) 目录内容。该部分主要对于企业需要统一发布或因人定制的内容进行管理和对公共信息进行管理。

(6) 资源资产。管理企业中各 IT 系统的资源资产情况。这些资源资产可以是物理存在的,也可以是逻辑存在的,并能够与企业的财务部门进行数据交互。

(7) 信息安全。信息安全管理主要依据的国际标准是 ISO/IEC 17799。该标准涵盖了信息安全管理的十大控制方面,36 个控制目标和 127 种控制方式,如企业安全组织方式、资产分类与控制、人员安全、物理与环境安全、通信与运营安全、访问控制、业务连续性管理等。

(8) 日常工作。该部分主要用于规范和明确运维人员的岗位职责和工作安排,提供绩效考核量化依据,提供解决经验与知识的积累及共享手段。

4.3 车联网安全平台应用

安全始终是车联网技术,乃至物联网技术首要关注因素。在车联网平台中使用 Mir-rorLink 标准后,如果车联网平台中存在安全隐患,出现漏洞,黑客利用该漏洞并通过和车载系统连接的智能设备入侵用户的汽车,就会给车主和厂商带来不必要的麻烦。那么如何解决上述问题并减少其发生的次数?本节将以此为重点进行讨论,让读者更好地理解车联网安全对汽车系统平台的重要性。

4.3.1 CCC 和 MirrorLink 概述

CCC 即车联网联盟(Car Connectivity Consortium),它由多家汽车厂商、智能手

机厂商、汽车电子厂商组成。这些厂商包括丰田、通用、大众等在内的80%的汽车厂商，以及微软、三星、华为、索尼等智能手机巨头，另外博世、东芝、瑞萨电子、高通等汽车电子和车载系统厂家也参与其中，部分厂商的产品商标如图4-3所示。该组织旨在提供一种简单的途径，将任意设备和任意汽车连接。

图4-3　部分汽车、智能手机、汽车电子产品商标

MirrorLink，是CCC建立的一种车联网标准，旨在规范智能设备和车载系统的连接，成为首个智能设备和车机连接的领导性行业标准。通过该协议标准进行智能设备和车载系统互联时，可以实现双向控制，提升互操作性，即用户在驾驶汽车过程中，可以通过车载系统上的按键或者语音来控制智能设备，相反也可以通过智能设备对车载系统进行控制，从而带来更安全、简单、舒适的驾驶和娱乐体验。

4.3.2　MirrorLink安全漏洞简析

现今许多汽车在出厂前都装配有原型软件功能，例如MirrorLink协议。一般来说这些功能是被禁用的，但是"某些聪明的驾驶员"可能将其解锁。纽约大学工程学院计算机科学与工程专业的助理教授Damon McCoy，以及乔治梅森大学的一组学生发现了MirrorLink系统中存在的缺陷。他们于得克萨斯州奥斯汀第10届高等计算机系统协会(USENIX)攻击技术研讨会(WOOT 2016)上展示了他们的研究，在包括MirrorLink的车载信息娱乐系统(IVI)新协议进行更大范围部署之前，将其被解锁的安全隐患提上议事日程。图4-4所示为一种硬件配置，将安卓手机和2015模型车的音响主机进行集成。MirrorLink通信协议，让驾驶员或者乘客可以通过汽车的仪表板和转向盘控制手机应用程序。

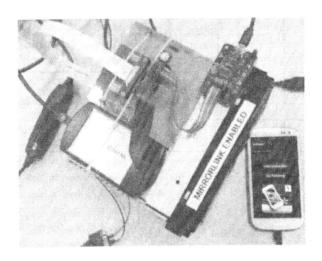

图 4-4　硬件配置

4.3.3　MirrorLink 协议栈

MirrorLink 架构由一系列的协议组成。这些协议按照功能划分可分类如下。

（1）连接协议。包含以 IP 为基础的有线（USB）或者无线（Wi-Fi 或蓝牙）的面向连接的服务和无连接的服务，用于传输数据和音频；以及专用的蓝牙连接方案，用于传输电话音频和应用音频。

（2）UPnP（通用即插即用）的服务协议。主要为 ML 服务器和客户端之间提供广播机制，通知 ML 客户端此时服务器上的应用程序列表，并对它们进行操作（开启、终止、报告它们的状态等）。

（3）VNC（virtual network computing）协议。复制 ML 服务器的显示内容到 ML 客户端，并将 ML 客户端的控制信息反馈给 ML 服务器。包含 RFB（remote frame buffer，远程帧缓冲）协议和控制事件的传输。RFB 协议是基于 TCP/IP 或 UDP（user datagram protocol，用户数据报协议）/IP 的基础之上的，用于传输帧缓存内的数据，并提供压缩技术。

（4）用于传输音频的协议。主要有 RTP（real-time transport protocol，实时传输协议）、蓝牙的 HFP（hands-free profile）和 A2DP（advanced audio distribution profile）协议，主要用于移动设备的电话和应用程序的音频传输。

（5）安全机制协议。用于 MirrorLink 的认证和保密，其结构如图 4-5 所示。MirrorLink 系统中有两种安全机制，即设备认证协议（DAP）和内容认证。

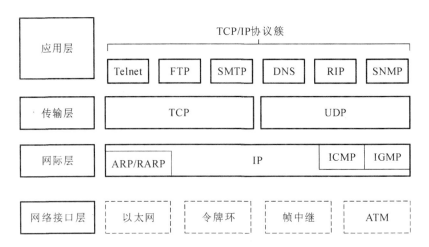

图 4-5 安全机制协议结构

4.3.4 攻击 MirrorLink 的过程

在进行理论分析之后,为了评估和模仿攻击 MirrorLink,假设并且准备了黑客会使用的远程工具,例如:JTAG(joint test action group,联合测试工作组)调试器、芯片读取器(见图 4-6)和网络分析设备。这里需要访问芯片内部数据,获取芯片内核和配置文件,获取固件拷贝,并通过调试接口对 IVI 进行控制,然后对智能手机和 IVI 之间的通信进行监测,俘获并分析通道上传输的数据。具体步骤如下。

(1) 分析这种 IVI 里面使用的 NOR flash(或非型闪存)芯片,然后使用芯片读取器来读取 NOR flash,进行深入分析。

(2) 数据提取和调试。进行数据调试的接口主要有 USB、UART(universal asynchronous receiver/transmitter,通用异步接收发送设备),另外还借助了 ActiveSync 工具,用于抓取和分析数据。相关 USB 分析设备设置如图 4-7 所示。

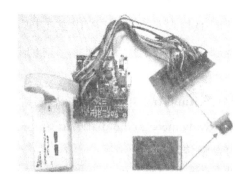

图 4-6 芯片读取器

图 4-7 USB 分析设备设置

(3)根据智能手机和IVI之间USB通道上捕获的数据,对MirrorLink协议作出如图4-8所示的理解。

(4)软件分析。通过静态和动态的分析,归纳出协议的相关潜在缺陷,如图4-9所示。

图4-8 对MirrorLink协议作出的理解　　图4-9 协议的相关潜在缺陷

(5)设计一个恶意的手机应用程序,来模仿相关黑客攻击。

通过以上的分析,发现MirrorLink相对容易被启用,黑客能够通过解锁,并且使用智能手机,作为"破坏工具"控制关键性安全组件,例如汽车的防抱死制动系统(ABS)。然而,目前汽车制造商和供应商,似乎拒绝发布安全补丁。这样会让启用了MirrorLink的驾驶员在遇到黑客攻击时更加孤立无援。

4.3.5 车联网安全平台实施措施

1. 提高车联网平台的安全性

提高车联网平台的安全性,可从软件开发、硬件设计等四个方面着手。

1)软件开发方面

软件设计涉及车联网系统的各个环节,包括终端设备的固件、手机应用程序、服务器端的软件、测试脚本、通信协议等。为了提高安全性,自然要提高软件质量,提高软件的健壮性。软件不仅要实现基本功能,还要加入必要的安全设计,加强对于软件质量的管理,加强团队对于代码的审核和检查,及时针对不同的安全隐患进行升级和打补丁。在开发流程中,减少软件自身的漏洞,从而降低受到安全攻击的可能性。为了提高安全性,通过不断的对于安全漏洞的学习和研究,软件开发要逐步形成可以遵守的安全性规范。

2)固件方面

大多数智能终端设备都是嵌入式设备,需要可在芯片上运行的固件。固件一般需要加载到嵌入式硬件上运行。所以需要一个安全启动设计,防止非法固件加载到硬件上面运行。固件要通过可信任的机构,对其进行加密签名。硬件里硬编码的密钥或者证书和固件匹配一致后,才可以被加载执行。这样可防止它被非法修改。有些黑客,可能通过JTAG接口获取固件,并且通过反向工程破解和篡改它,但是它不能和加入硬件的公钥相匹配,所以启动的第一步就会失败,系统就不会启动。微软的Secure Boot也就是这样一种技术,可防止未经认证的非法驱动程序和操作系统被加载。同样这种技术对于嵌入式设备的固件程序的安全也很适用。

3) 硬件设计方面

在硬件设计方面,需要进行安全隔离,例如ARM TrustZone技术,其实就是系统范围管理的一种好例子。它通过隔离所有SoC(system on chip,单片系统)硬件和软件资源,让资源分别位于两个区域:用于安全子系统的安全区域、用于存储其他内容的普通区域。而支持TrustZone的总线,可以确保普通区域组件无法访问安全区域资源,从而在这两个区域之间构建强大边界。将敏感资源放入安全区域的设计,以及在安全的处理器内核中可靠运行软件可确保资源能够抵御众多潜在攻击,包括那些通常难以防护的攻击。这样可以保护安全内存、加密块、指纹传感器、键盘和屏幕等设备免遭软件攻击。

4) 云和网络方面

目前很多经过物联网终端搜集到的数据,都要发送到云端存储,必要时应用也会向云端检索数据。所以数据要通过加密算法加密后,通过加密方式发送到网络,并存储在云端。同样,检索过程也要采用相应的安全索引算法。另外,访问控制方面,用户必须使用相关密钥才可以对云端进行访问。

2. 设计有助于保证车联网平台数据安全和隐私的若干准则

首先,保证数据安全可信,防止数据在传输过程中被修改,可考虑以下准则。

(1) 软件的完整性验证,例如安全启动(secure boot),确保只有经授权的软件在系统上运行。

(2) 设备或者系统,采用从硬件而来的信任链,让用户保护复杂的底层软件免受攻击,确保运行在设备上的软件经过恰当授权。

(3) 应用于数据的认证和完整性保护,使用户对于从相关源得到的数据有信心。

(4) 受损或者故障的设备可以识别或者撤销。从设备而来的错误数据,将会影响系统的其他功能。所以,需要提供一种方法识别此类设备,然后阻止、过滤、撤销它们,从而减小损失。

(5) 数据在应用时,孤立于其他的系统和服务。物联网可以处理不同的数据类型。为了减少数据泄露的风险,应该清楚什么系统或者服务访问了什么类型的数据。

(6) 系统需要进行测试和校准,确保系统的设计可以安全处理数据。

(7) 设备元数据是可信的和可核查的。可靠的元数据,让用户可以信任设备工作正常,并且辨别故障和受损设备。

(8) 重用目前良好的安全架构,而不是设计全新的架构。尽管车联网的安全挑战有一些是全新的,但是大部分还是可以从过去的问题研究上找到答案,现有的安全架构可以满足需求。

其次,保证数据隐私,让敏感数据在搜集、传输、分析过程中受到保护,以及用户可以意识到什么样的敏感数据在被处理。需要考虑以下准则。

(1) 设计之初,就考虑到安全性、威胁应对和设备容量。设备、网络、系统的安全架构需要和设备一起同时开发,而不是以后遇到问题再开发。并且,要考虑到各种场景的安全性。

(2) 提供适当的潜在攻击应对保护,例如在设备、网络、服务器、云方面等。对于设备自身来说,敏感数据可能暴露给其他与其连接的系统,所以,需要考虑到整个网络的数据的安全性维护。

(3) 通知用户,当设备在操作时用到了哪些隐私数据。用户需要利用车联网提供便利,同时也要确保他们的隐私受到保护。他们应该知晓设备正在处理的隐私数据。

(4) 让用户和安全产品检查敏感数据,来确保设备操作的隐私性。这样,一方面保证了隐私,另外一方面,也可以让用户和设备制定本地安全策略来操作敏感数据。

(5) 在必要的地方,确保标识符删除或匿名。暴露敏感的个人标识符,可能使得未经授权的设备搜集和分析隐私数据。

(6) 安全管理密钥。在整个密钥的生命周期,从申请、使用到撤销,都应妥善管理。

3. 国际大公司在车联网系统平台安全方面的策略

对于传统的汽车,"上锁"是驾驶员在安全性方面唯一需要注意的。但是,随着汽车工业向着车联网方向发展,以及越来越多被曝光的黑客攻击事件,联网汽车的安全性问题成为业界关注的重点。英特尔,作为一家处理器制造商,为此创建了汽车安全审查委员会,设计安全标准,在整个汽车工业的"从设计到上路"的阶段,进行最佳的安全实践。委员会没有任何官方权力,但是由"顶尖的安全人才"组成。英特尔称将对汽车进行安全测试审查。基本上结果分为：符合安全标准，或者容易受到黑客攻击。英特尔的技术已经在宝马系列、英菲尼迪的 Q50，以及 2015 现代 Genesis 之中应用。但是作为芯片厂商，它在投资创造更先进的技术，甚至包括无人驾驶汽车。英特尔明确地看到无人驾驶汽车的未来，在其新的白皮书中，提及在 2050 年消除汽车安全事故。白皮书概括了 15 种下一代汽车中"最具被黑客攻击可能性的"组件，包括制动和转向发动机控制单元（ECU）、遥控钥匙，以及车载诊断单元（见图 4-10）。这些组件，大部分已经在最近的黑客攻击中被利用，例如无线钥匙被攻击，以及吉普车黑客通过无线访问汽车的车载娱乐系统。

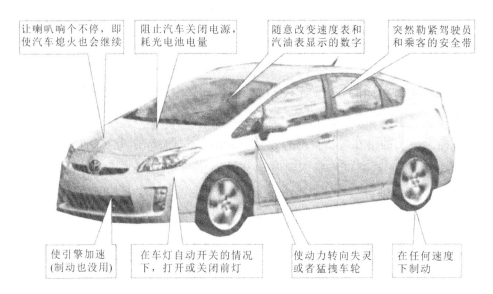

图 4-10　最具被黑客攻击可能性的组件

安全性是一个重要问题，而隐私也同样很重要。汽车可以搜集驾驶员的大量数据，例如当前位置、麦克风记录、电话记录，以及导航历史信息。为了这个目的，英特尔称，将来车联网安全应该依靠防火墙提供持续的威胁分析，并且使用空中接口更新。白皮书呼吁应对各种有组织犯罪的威胁，称如果汽车成为"较弱的目标"，它们将被持续攻击。

通过英特尔的策略，我们看到，车联网安全作为一个行业性的问题，涉及方方面面的内容，需要行业企业共同努力应对，并且需要创建标准，来规范汽车生产设计流程中的安全性检查，特别是一些重点区域。

以上这些，都是应对车联网安全问题的宝贵经验，也值得汽车电子企业去参考借鉴。未来，随着汽车联网功能的加强，安全性解决方案势必成为汽车电子行业的一个新的关注点。

第 5 章

车联网典型应用

CHELIANWANG DIANXING YINGYONG

5.1 车联网应用发展现状

2013年8月27日,由中国汽车工程学会发起成立的车联网产业技术创新战略联盟在北京正式成立。该联盟由包括15家整车厂在内的共30家单位组成,成员涵盖了汽车制造商、移动通信运营商、硬件设备制造商、软件服务提供商及有关科研院所。联盟旨在通过联合各相关行业的力量,协同攻关、协调发展,在推进Telematics车载应用服务之外,重点推动车联网技术对于汽车安全性与经济性等性能提升的应用。

2015年1月22日,百度官方正式宣布,百度车联网战略将于2015年1月27日正式发布。至此,包括腾讯、阿里巴巴、百度在内的互联网三巨头全部参战车联网系统争夺战。

目前,交通的三大问题——安全、效率、能效和污染排放问题——日益严重,各种各样的智能交通发展得到了推广,在某种程度上缓解了一些问题。车联网及信息互联是智能交通发展的大趋势。目前我国车联网技术的应用主要体现在以下几个方面。

(1)动态及静态交通管理方面:智能收费系统,自动路径导航系统,智能停车场系统;智能停车场管理,智能车辆调度,智能交通,智能交通信号灯管理,车辆监控。

(2)公共安全方面:智能超载超速报警系统,智能预警系统,疲劳驾驶检测系统。

(3)公交服务:智能交通查询系统,智能收费系统。

(4)物流运输领域:智能车辆管理系统,货物实时监测系统,物流检测系统。

未来车联网将利用传感器技术、无线通信技术及GPS技术的相互配合,组成全立体、多层次的网络拓扑结构,逐步建立一个车辆与车辆内部之间、车辆与路边信息基础设施之间的移动自组织网络。未来汽车之间能够进行信息沟通并感知周围环境,具备行人探测、3D智能导航、无人驾驶、自动刹车及紧急停车等智能功能。

5.1.1 自主品牌车联网发展

随着汽车技术的发展,新能源汽车和车联网技术的普及应用发展速度较快。在通用、丰田等国际汽车厂商纷纷推出运用智能导航和远程助手等车联网技术的车型产品并将其推向国内市场之后,中国自主汽车企业也开始了对车联网技术的研究。自2010年上汽率先发布首款搭载车联网系统inkaNet系统的自主车型荣威350以来,到2012年底为止,中国自主品牌中至少已有7家企业发布了自主开发的车联网系统和车型产品。

inkaNet 系统已经发展到第三代,在智能互联和操作体验等方面有显著提升,特别在中文语音识别的准确率和易用度上甚至超越了不少国际知名车企的同类技术。

5.1.2 应用现状

车辆运行监控系统长久以来都是智能交通发展的重点领域。在国际上,美国的 IVHS(智能车辆公路系统)、日本的 VICS(道路交通信息通信系统)等系统通过车辆和道路之间建立有效的信息通信,已经实现了智能交通的管理和信息服务。而 Wi-Fi、RFID 等无线技术也在交通运输领域智能化管理中得到了应用,如在智能公交定位管理和信号优先、智能停车场管理、车辆类型及流量信息采集、路桥电子不停车收费及车辆速度计算分析等方面取得了一定的应用成效。

当今车联网系统发展主要通过传感器技术、无线传输技术、海量数据处理技术、数据整合技术相辅相成配合实现。车联网系统的未来,将会面临系统功能集成化、数据海量化、传输速率高速化。车载终端集成车辆仪表台电子设备,如播放硬盘、收音机等,数据采集也会面临多路视频输出要求,因此对于影像数据的传输,需要广泛运用当今流行的移动网络。

苏州金龙已经通过与杭州鸿泉数字设备有限公司合作,在车辆出厂前安装车载终端系统——G-BOS 系统,来采集车辆运行状况数据和司机驾驶行为。该系统从 2012 年 7 月份正式发布,到 2013 年已经管理车辆 60000 多部。自该系统在客车行业得到成功运用后,鸿泉数字设备又将在客车行业的管理经验复制到工程机械车辆、卡车等货运车辆行业。

此外,当今比较优秀的车联网系统有瑞典 SCANIA 的黑匣子系统,中国台湾和欣客运远程管理系统,潍柴动力的共轨行系统等。

5.1.3 国际趋势

"车-路"信息系统一直是智能交通发展的重点领域。

在国际上,欧洲的 CVIS、美国的 IVHS、日本的 SmartWay 等系统通过在车辆和道路之间建立有效的信息通信,实现智能交通的管理和信息服务。RFID 技术在物流与供应链管理领域及交通运输领域智能化管理中得到了应用,如在智能公交定位管理和信号优先、智能停车场管理、车辆类型及流量信息采集、路桥电子不停车收费、高速公路多义性路径识别及车辆速度计算分析等方面取得了一定的应用成效。

1. 未来体验

继互联网、物联网之后,车联网又成为未来智能城市的另一个标志。

到上海世博会园区里的热门场馆——"上汽-通用汽车馆",看一部科幻大片《2030》,就可以超前体验到 20 年后的汽车生活。在片中,2030 年的上海拥有 5 层立体交通网络。人们驾驶着 EN-V、叶子和海贝这三种未来车型出行,任何人都可以开车,车速飞快,而且在车联网的保护下实现了零交通事故率,堪称绝对安全。通过车联网,汽车具备了高度智能的车载信息系统,并且可以与城市交通信息网络、智能电网及社区信息网络全部连接,从而可以随时随地获得即时资讯,并且作出与交通出行有关的明智决定。外形小巧时尚的 EN-V 将可以实现智能停泊,通过建筑外墙的轨道直接停在自家阳台上,或者进入高速火车的车厢中。由于每辆车都采用了自动驾驶技术,盲人也可以开车穿行于城市中。智能的车联网,甚至可以以一键通接通呼叫中心的形式帮助司机获取周边信息、寻找停车场,以及自己找到充电站完成充电。

2. 智慧城市

在上海世博会上,时任中国工程院副院长、国家信息化专家咨询委员会副主任邬贺铨在主题论坛上指出,由"物联网"衍生的"车联网",将成为未来智慧城市的重要标志。什么叫智慧城市?邬贺铨说,一个定义是运用智能技术,使城市的关键基础设施通过组成服务,使城市的服务更有效,为市民提供人与社会、人与人的和谐共处,智慧城市本身就是一个网络城市:人与人之间有互联网,物与物之间有物联网,车与车之间有"车联网"。正如互联网能让人们实现"点对点"的信息交流,"车联网"也能让车与车"对话"。专家指出,未来具备了"车联网 DNA"的汽车不仅高效、环保、智能,更重要的是它还可以提供前所未有的交通安全保障,甚至可以将汽车发生交通事故的概率降低为零。全球一些主要汽车品牌已经开始了这方面的探索。据介绍,通用 EN-V 车型是基于车联网理念设计的。它整合了车对车交流技术、无线通信及远程感应技术,支持自动驾驶。在自动驾驶模式下,它能获得实时交通信息,自动选择路况最佳的行驶路线,大大缓解交通堵塞。除此之外,它还可以感知周围环境,在很大程度上减少交通事故的发生。

一些著名汽车厂商都意识到,下一个能为改善交通安全带来重要推动力的就是汽车与汽车间的"交流"。如果汽车能互相进行信息沟通,即使危险尚处在下一个弯道甚至更远,驾驶员也能提前识别防范。未来汽车将具备行人探测功能,不用司机踩刹车,车辆可以实现自动刹车、紧急停车。在第 80 届日内瓦车展上,装配带全力自动刹车功能行人探测系统的沃尔沃 S60 已经推出。它可以探测走到车前路面上的行人。在紧急情况下,系统首先向驾驶员发出声音警示,并在挡风玻璃上显示闪光信号。如果驾驶员仍未对警示做出反应,碰撞即将发生时,汽车会自动进行全力制动。警示系统预防疲劳驾驶,帮助驾驶员赶跑开车时的瞌睡虫。疲劳驾驶是一个全球普遍存在的交通安全问题。丰田的车内智能安全网络也能及时纠正驾驶员失误,通过方向盘监测驾驶者脉搏,发现驾驶员疲劳驾驶时,便启动警告系统。最初只是摇晃驾驶座位,当驾驶者仍无反应时,系统就会自动熄灭而强行停车。

3. 智慧交通

在企业眼中,车联网市场或许只意味着滚滚而来的商机。但从更宏观的层面来讲,车联网更大的意义在于打造智能交通,造福社会民众。

车联网的具体应用主要包括:通过碰撞预警、电子路牌、红绿灯警告、网上车辆诊断、道路湿滑检测为司机提供即时警告,提高驾驶的安全性,为民众的人身安全多添一重保障;通过城市交通管理、交通拥塞检测、路径规划、公路收费、公共交通管理,改善人们的出行效率,为缓解交通拥堵出一份力;为人们提供餐厅、拼车、社交网络等娱乐与生活信息,提高民众生活的便捷性和娱乐性。

5.2 通用 OnStar

在国内,人们耳熟能详的车联网驾驶辅助应用系统有丰田的 G-BOOK、奥迪 MMI 等。本节将介绍早在美国家喻户晓的车联网安全信息辅助系统——OnStar 安吉星系统。

5.2.1 通用 OnStar 功能体验

通用 OnStar 的主功能主要体现在其按钮使用上,这也是通用 OnStar 的主要特点之一。除此之外,其远程服务功能也是该系统的重要特性,下面将对通用 OnStar 的主要功能体验作详细介绍。

1. 紧急按钮功能

该功能在紧急时刻提供必要协助。当驾驶员遇到危险事故、突发事件时,可直接按下车内红色警戒按钮,即可迅速联系 OnStar 呼叫中心顾问。中心顾问会使用 GPS 定位追踪系统搜寻求助车辆的位置,通过相关技术手段通知急救中心派出紧急救援。如果车内人员情况紧急,顾问会协调相关医疗机构的救援人员待命或去往事发地点进行救助。其紧急事件服务和安全服务分类如下:

(1)碰撞自动求助；

(2)紧急事件服务；

(3)车辆失窃救援；

(4)远程车门解锁；

(5)远程车喇叭及车灯控制；

(6)道路援助。

当然，如果驾驶员发现其他人需要帮助，比如出现车辆碰撞、道路设施损毁、犯罪活动等，也可以同样通过红色按钮发出求救信号。

2. 失窃车辆定位援助功能

OnStar 与执法部门有着非常密切的合作。如果车主的车辆被窃，其内置的相关技术可完成 OnStar 和执法部门的协作，帮助执法部门发现并找到失窃车辆。OnStar 通过将车辆定位的方式，把相关信息提供给执法人员。

当然，对于被盗车辆车主而言，希望能安全且完整地找回自己的爱车，OnStar 可通过相关技术进行必要的保证。OnStar 可以通过远程遥控技术让窃贼盗取的车辆在行驶中慢慢停下来，主要使用禁用点火、远程点火屏蔽、禁用加速器等手段来实现。OnStar 所提供的被盗车辆援助服务的执行过程如下：

(1)OnStar 定期向执法部门报告车辆失窃；

(2)OnStar 查明车辆位置，发信息来阻止失窃车辆重新启动；

(3)OnStar 为执法部门提供车辆位置和点火状态信息；

(4)OnStar 让失窃车辆减速，为执法部门提供流程指导；

(5)OnStar 应执法部门请求重启点火设备、加速器等。

3. 远程车门解锁功能

虽然说将钥匙遗忘在车内对个人车主而言是不常发生的事情，但是 OnStar 通过大数据统计，发现远程车门解锁服务仅此一项平均每年发生频次就可达到 6 万次之多。如果车主将钥匙锁在车内，OnStar 的客户服务顾问可通过远程电信号为车主开启车门，不用车主去破窗或是找昂贵的开锁公司就可以解决现有问题。OnStar 提供的解锁的过程如下：

(1)车主致电 OnStar 呼叫中心；

(2)车主必须提供其 PIN(个人识别号码)或回答其他认证问题来得到电话服务中心的身份确认；

(3)服务中心开启解锁服务，在此解锁是否成功取决于车主汽车和车主手机是否建立无线连接。

如果车主将车停在停车楼或大型地下车库内,忘记停放位置,则 OnStar 系统可以提供远程报警服务,让车主的车辆发出闪灯或喇叭声,从而让车主快速找到自己的车辆。其方法是车主致电呼叫中心要求唤醒远程报警服务,客户顾问会通过电信号来远程开启闪灯与喇叭发声。

4. 道路援助功能

如果车主遇到轮胎爆胎、汽油用完或其他紧急情况,可通过 OnStar 呼叫中心要求 OnStar 的客户顾问帮助联系附近救援协助。其方法是车主按下车内的蓝色服务按钮与呼叫中心的顾问联系即可。顾问会自动获悉用户所在位置并派最近的服务救援人员前往救援。当然,如果车主车辆发生电池没电、汽油用光、车陷泥坑等情况,都可以让呼叫中心的工作人员来处理解决。

5. 全程音控领航功能

在 OnStar 的安全系统中最关键的部件就是 GPS 体系。它不但提供了车辆位置信息,还可提供追踪车辆信息等功能,最重要的是可以全程音控领航。OnStar 的 turn-by-turn(TBT)Avigation 就是语音导航服务,由驱动程序、信息中心(DIC)和无线电显示构成。可通过呼叫中心客户顾问或者通过网络找到目的地,并将地图和路线下载到车辆上,系统通过语音指引的方式引导驾驶员驱车前往目的地。

OnStar 系统中全程音控领航功能集成了 GPS 数据模块和车辆无线语音模块,用以发送和接收车辆行动信息和侦查路况等。这样,车辆可在无屏幕或仅有数据库地图导航仪(DVD)的情况下,快速识别车辆位置和路况。在信息交互的过程中,全程音控系统在 DIC 或平视显示器(HUD)上显示易读的街道名称、距离和转向标志。无论什么车型,高配也好,低端也罢,只要安装 OnStar 系统,则可以享用该项服务。

利用全程音控领航的功能,通过精准的定位与实时语音提示,驾驶员能够到达目的地。全程音控领航服务(见图 5-1)过程如下。

(1)在路线导航中提供语音转向指示和街道名称信息,显示街道名称、下一个驾驶操作(用英里或千米表示距离)和图标,包含圆形交叉路口。

(2)自动"偏离路线"侦测,当驾驶员偏离计划路线时系统可自动识别,并给出提示:"您已经偏离……您需要指向吗…… 请回答是或否……"

(3)车辆行驶中"一触式"找到目的地入口,熄火之后还可以维护路线,可在目录中存储通用目的地(即"Home"),语言系统提示需要的操作,此时收音机被"软静音",如果需要指导也可以关闭静音。

图 5-1　全程音控领航服务

6. 全音控免提电话

驾驶员一边驾车一边低头去看车载 GPS 的屏幕是目前普遍现象。在驾驶中偏移会造成很大的视觉空档期,从而可能会引发交通事故。所以,从安全角度出发,通过 OnStar 全音控免提系统来指导驾驶员驾车,可避免驾驶员使用手机或低头看车载 GPS 屏幕而分散驾车注意力。这样驾驶将会变得更加舒服,并且不用担心警察处罚。

在所有配有 OnStar 安全系统的车辆上都内置了 OnStar 提供的全音控免提电话功能,用户只需要按一个按钮(见图 5-2)即可实现免提通话。系统可以存储多达 30 个人名标签和电话,通过安吉星的通信系统来连线用户手机或座机。车辆的外部天线可以提供更加稳定和连续的信号。免提电话系统还具有记忆功能,可以记忆用户之前呼出和存储的号码。试想一下,当用户"万一"不能使用手机时,可随时获得车载免提电话服务。这样可使驾驶员手握转向盘的同时,眼观前方路线并同时接打电话,杜绝了视线分散所引起危险的可能。

OnStar 全音控免提电话系统,拨打过程如下:

(1)按免提电话按钮,当 OnStar 系统回答"OnStar 就绪"时,说"拨打";

(2)将听到"请报您要拨打的整个电话号码";

(3)说出电话号码;

(4)听到 OnStar 系统重复号码,然后系统说"请说是或否",说"是";

(5)听到"好,拨打中";

(6)电话接通。

电话接通显示界面如图 5-3 所示。

图 5-2 全音控免提电话功能　　图 5-3 OnStar 全音控免提电话接通显示界面

7. 车辆诊断功能

OnStar 系统通过每月电子邮件的方式通知车主,提示的信息包括车况诊断情况、全音控免提电话系统信息、OnStar 系统服务剩余时间等。

5.2.2 通用 OnStar 工作原理

1. OnStar 系统组成及输入输出信号

OnStar 系统由车辆通信接口模块(VCIM)、按钮总成及 LED、麦克风、车载电话和全球定位系统天线、蓝牙天线、备用蓄电池(BUB)等部件组成。

OnStar 系统的输入及输出信号如图 5-4 所示,通信接口模块连接至麦克风、按钮总成,并发出指令控制 LED 状态。通信接口模块通过串行数据总线与车辆的其余部分通信。通信接口模块配有 2 个技术系统:一个用于处理全球定位系统数据,另一个处理车载电话信息。车载电话通过与通信设施基站相连接,将 OnStar 系统连接到车载通信运营商的通信系统上。通信接口模块通过车载电话天线发送并接收所有的车载通信信息。OnStar 系统使用全球定位系统信号提供请求所在位置。通信接口模块还可通过串行数据电路来启动喇叭、外部车灯,或完成车门的锁止/解锁。这些功能由驾驶员对 OnStar 呼叫中心的请求来启动。

2. 车辆通信接口模块

车辆通信接口模块(VCIM)使用两个号码来识别车载通信设备,一个是移动标志号码(mobile identification number,MIN),另一个是移动目录号码(mobile directory number,MDN)。移动标志号码代表车载通信运营商用于呼叫而使用的号码,而移动目录号码则代表拨到每个车载设备上的号码。更换新的通信接口模块后需要进行编程及初始化设置,一旦进行初始化设置后,车辆通信接口模块将不能再用于其他

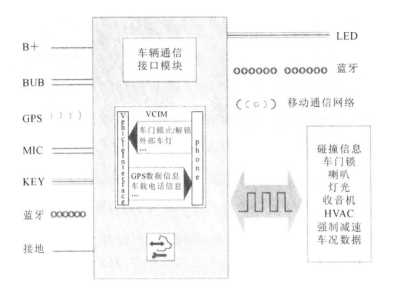

图 5-4 OnStar 系统的输入及输出信号

车辆。

OnStar 系统使用一个特殊的休眠周期,允许系统在点火开关置于 OFF 位置且固定式附件电源(RAP)模式结束时接收车载呼叫。该周期能够使通信接口模块执行解锁车门等遥控功能并且将蓄电池电流维持在一个可接受的水平。如图 5-5 所示,OnStar 系统使用 4 种就绪状态:高功率、低功率、休眠、数字待机。

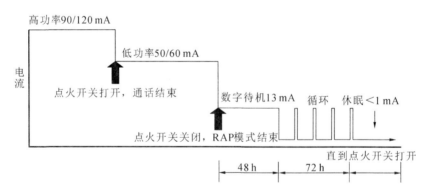

图 5-5 OnStar 系统的 4 种状态

无论点火开关置于 ON 位置还是 RUN 位置,是否启用了固定式附件电源,OnStar 系统是发送还是接受呼叫,在系统执行功能时,系统进入高功率状态。点火开关置于 ON 位置或 RUN 位置,或启用固定式附件电源的情况下,OnStar 系统未使用时,系统进入低功率状态。在车辆关闭且固定式附件电源超时后,系统进入数字待机状态。在数字待机模式下,OnStar 系统可在持续 48 h 内的任何时间执行 OnStar 服务人员指令的所有远程功能。48～120 h,系统每 10 min 进入低功率状态 1 min 以接听来自 OnStar 呼叫中心的呼叫。如果在 1 min 间隔内发出呼叫,OnStar 系统将接收该呼叫并立即进入高功率模式,以执行任何请求的功能。若在这 1 min 的间隔中没有接收到任何呼叫,系统又将返回到休眠状态,再等待 9 min。这一过程持续 72 h 之后,OnStar 系统将关闭直到点火开关置于 ON 位置或 RUN 位置。

3. OnStar 按钮总成及 LED

3 个 OnStar 按钮总成及 LED 是用户和 OnStar 系统对话的窗口,一般安装在中央控制台、头顶控制台或后视镜上。当系统开启并且运行正常时,LED 状态指示灯为绿色;当 LED 状态指示灯为绿色并闪烁时,表示正在呼叫中;当 LED 状态指示灯为红色时,表示系统中有故障。在系统存在故障的情况下,OnStar 系统仍然能够进行呼叫,在呼叫的过程中 LED 状态指示灯呈红色闪烁状。如果 LED 不点亮,这可能表示用户 OnStar 账户服务未启动或者过期。

4. 麦克风

OnStar 麦克风可能被设置在内部后视镜、头顶控制台或 A 柱上,如图 5-6 所示。通信接口模块向车载电话麦克风信号电路上的麦克风提供大约 10 V 电压,且用户的语音数据通过同一个电路传送回通信接口模块。

图 5-6 麦克风

5. 车载电话和全球定位系统天线

车载电话和全球定位系统天线接到车辆通信接口模块,该模块向车载电话和导航天线提供 5 V 电压,为内部放大器供电。当车辆装备导航收音机时,则安装导航信号分流器,从而将全球定位系统信号分配至通信接口模块和导航收音机。导航收音机通过全球定位系统天线同轴电缆向导航信号分流器提供 5 V 电压,为内部导航收音机信号放大器供电。天线电路如图 5-7 所示。图 5-8 所示为典型的组合天线实物,其中长的为导航天线,短的为电话天线。

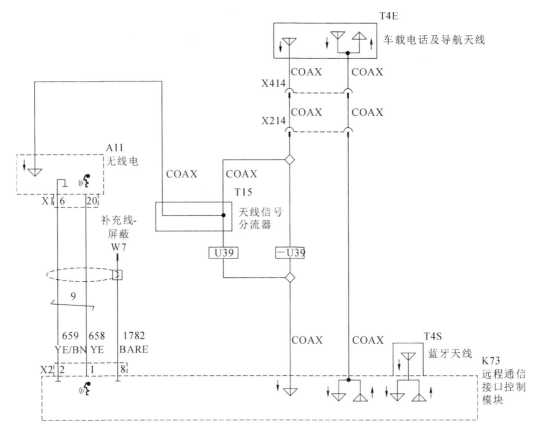

图 5-7 天线电路

6. 备用蓄电池

一些装备了 OnStar 系统的车辆也装备有备用蓄电池(BUB)。备用蓄电池用于车辆发生撞击后,主车辆蓄电池失效的情况下向通信接口提供辅助电源。车辆是否装备备用蓄电池取决于实车碰撞实验结果。

7. 蓝牙天线(若装备)

蓝牙无线技术是一项短程通信技术。为使用车辆蓝牙系统,需要一个装备蓝牙的车载电话。如图 5-9 所示,蓝牙天线是一小段固定天线,直接接至通信接口模块上,用于发送和接收来自蓝牙启用的车载电话信号。当更换 VCIM 时,蓝牙天线需要拔下来装到新的模块上。

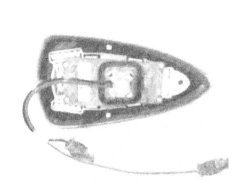 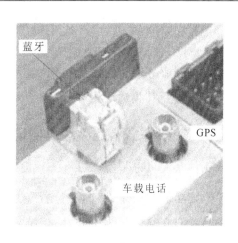

图 5-8　组合天线实物　　　　　图 5-9　蓝牙天线

8. 车载网络的其他系统支持

OnStar 需要输出音频时,将向音响系统发送一条串行数据信息以使所有收音机的功能保持静音,并通过专用信号电路传送 OnStar 原有音频。如果在收音机打开时车辆接收到一个呼叫,音响系统将会静音,扬声器中传出电话铃声。声音优先顺序为倒车辅助、电话、导航。当 OnStar 系统启动时 HVAC(供暖通风与空气调节)鼓风机转速将降低以帮助减小车内噪声。OnStar 系统不再启动时,鼓风机转速将恢复原来的设置。

5.3　基于车载诊断系统的车载智能终端

OBD 是车载诊断系统(on-board diagnosis)的简称,可以监测车辆在使用过程中与排放控制有关的零部件状态。据统计,截至 2013 年底,国内私家车市场支持 OBD 标准接口私家车比例超过 90%。然而对于如此庞大且日益增长的私家车数量,绝大部分车主只能通过专业人员来了解自己的车况。

OBD 能让车主更简单、更便捷地了解车况信息,有着很大的潜在市场需求。OBD 车载智能终端,最初的目的仅仅是为辅助维修人员进行车辆诊断。OBD 接口通常在汽车转向盘下方比较隐蔽的位置,供汽车修理厂技师检测车辆故障时使用。随着互联网技术和思维对传统汽车行业的渗透,车载智能终端逐渐从服务专业人员向服务车主转变。近几年,国内外互联网巨头纷纷涉足车联网领域,如 Apple 推出了 CarPlay 服务,Google 推出了 OAA(open automotive alliance)。

在互联网公司大力推出硬件设备的同时,国内 OBD 厂商也开始重视互联网服务。目前市场上,基于 OBD 的车载智能终端,一般以智能手机作为服务显示设备,通过蓝牙、2G/3G/4G 移动通信或 Wi-Fi 等方式与智能手机互联,将 OBD 接口获取的汽车数据和服务以智能手机 APP 显示的形式提供给车主。本节将着重介绍 OBD 检测平台终端及其相关应用和服务。

5.3.1 OBD 车载智能终端的现状

OBD 模式车联网的兴起是由于传统车联网服务功能并不具有良好的用户黏性,很多传统功能如娱乐、路况及位置显示、导航、救援等通过智能手机就可以实现。而车联网首先必须以车为中心,除传统娱乐功能外,还需要实时监测其防盗、车况、用车情况、汽车维护、保险等。当然这就需要汽车本身的参与,这样不但能解决车主需求,还能大大提高用户对某品牌车辆的忠诚度。

1. OBD 接入方式

与车载智能终端建立通信的部分包括汽车 ECU、各种外置传感器、显示终端和云端等。基于 OBD 的车载智能终端网络结构如图 5-10 所示。

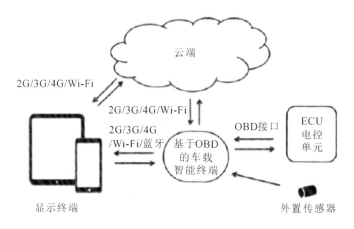

图 5-10 基于 OBD 的车载智能终端网络结构图

车载智能终端主要负责:通过 OBD 接口与汽车 ECU 建立通信;接收外置传感器信号;将读取到的汽车和传感器数据通过无线网络传输给智能手机等显示终端和云端,同时接收来自显示终端和云端的控制指令。

显示终端主要负责:将车载智能终端数据显示给用户;把汽车数据和用户行为数据传输给云端分析;接收用户输入的控制指令,并把控制指令和相关数据请求发送给车载智能终端。

云端主要负责:接收来自车载智能终端和显示终端数据;分析数据,并提供数据服务(推荐、预警等)给用户。

基于 OBD 的车载智能终端主要有三种网络接入方式,即蓝牙接入(见图 5-11)、2G/3G/4G 移动通信接入(见图 5-12)和 Wi-Fi 接入。目前市面上大部分的终端可以支持一种或多种接入方式。

图 5-11 蓝牙接入

图 5-12 2G/3G/4G 移动通信接入

1) 蓝牙接入

蓝牙技术是一种应用于便携设备和装置之间的短程无线通信技术。2010 年,蓝牙技术联盟(Bluetooth SIG)发布 4.0 核心规范(蓝牙 4.0 协议),主要包括蓝牙低功耗技术(BLE),又称智能蓝牙技术。蓝牙 4.0 协议突破了功耗技术瓶颈,使一粒纽扣电池可以持续工作数年之久,极大地提高了蓝牙技术在物联网中的应用价值,同时扩展了其使用范围。

蓝牙 4.0 协议在开放空间下支持射程(range)范围可达 150 m 左右,输出功率

(output power)约为 10 mW,最大电流(max current)为 15 mA,延迟(latency)即连接建立时间仅需 3 ms。该协议允许正在进行广播的设备连接到正在扫描的设备上,从而避免重复扫描,优化了连接建立机制,极大地缩短了连接建立时间。该协议采用星型拓扑结构实现一对多的连接,使得设备在建立连接和断开连接之间切换灵活,支持连接设备数量(connections)大于 20 亿个。调制模式(modulation)采用 2.4 GHz 的 GFSK(Gaussian frequency-shift keying,高斯频移键控)模式,减少了数据收发复杂性。该协议采用 24 位 CRC(循环冗余校验)码自适应调频技术,确保在受干扰时具有更大的稳定性。安全性(security)方面使用基于 CCM 模式(由计数器(CTR)模式和密码块链接消息鉴权代码(CBC-MAC)模式相结合构成)的 AES-128 完全加密。在深度休眠状态下,该协议支持主机长时间处于超低负载循环状态,同时通过增大数据发送间隔时间,以及采用先进的嗅探性次额定(sniff-subrating)功能连接模式,使得休眠电流(sleep current)可降低至 1 μA。

基于 OBD 的车载智能终端要求设备兼具智能性和低功耗。终端智能性的表现之一就是能够在第一时间完成设备唤醒并建立连接。低功耗主要要求设备在待机或休眠状态下,功耗尽可能减小,不会大量损耗汽车蓄电池电量。蓝牙 4.0 协议极低的运行和待机功耗,以及优化的休眠机制,同时满足车载智能终端智能性和低功耗的需求。

2) 2G/3G/4G 移动通信接入

随着移动通信技术的快速发展,国内移动通信现状是 2G、3G 和 4G 并存。2G 网络广泛采用时分多址(TDMA)技术。国内主流的 GSM 标准支持移动话音业务,其传输速率为 9.6 kb/s;GPRS 标准支持移动数据业务,传输速率为 56～114 kb/s。3G 网络广泛采用码分多址(CDMA)技术。国内三大运营商中国移动、中国联通、中国电信分别采用 TD-SCOMA、WCDMA、CDMA2000 技术。3G 标准的理想数据传输速率是 2 Mb/s,在用户高速移动时可达 144 kb/s,在低速移动时达到 384 kb/s。4G 网络采用正交频分复用(OFDM)、智能天线、软件无线电等先进技术,其数据传输速率提高到 100 Mb/s,能够满足移动用户高质量的影像服务。

目前,基于 OBD 的车载智能终端需要传输的数据量较小,其业务主要为基础数据业务,使用 2G 移动通信模块即可实现数据的实时传输。随着功能逐步向多元化发展,未来的车载智能终端需要更多地支持影像等多媒体数据业务,可通过配置 3G/4G 移动通信模块实现大流量高带宽数据传输。移动通信模块同时也是实现控制汽车、防盗报警等功能的重要组成部分。

3) Wi-Fi 接入

Wi-Fi 是一种基于 IEEE 802.11 标准创建的、目前使用最为广泛的无线网络传输技术，传输速率可达 54 Mb/s。车载 Wi-Fi 是通过 3G/4G 无线上网卡将信号转化为 Wi-Fi 无线信号，以供多个接入点共享。

基于 OBD 的车载智能终端可以通过专用车载 Wi-Fi 设备接入网络，实现信息传输。同时，车载智能终端也可自身集成 Wi-Fi 模块，实现与手机等车内设备互联。

2. OBD 协议

OBD 通过 ECU 监测与排放有关的部件实现对车辆的监测。当汽车出现故障时，故障指示灯(malfunction indicator light, MIL)会在汽车仪表板闪烁，以提示驾驶员。美国汽车工程师协会(SAE)率先推动车载诊断的标准化，命名为 OBD-Ⅰ。引入 OBD 的最初目的是为鼓励汽车制造商设计更可靠、更环保的排放控制系统。然而随着时间的推移和科技的进步，ECU 能够提供更多的诊断和传感器数据，以帮助汽车技师识别车辆问题来源，OBD-Ⅰ逐步发展为 OBD-Ⅱ。OBD-Ⅱ是 OBD 标准的提高版和强制版。在北美，1996 年以后销售的所有汽车都支持 OBD-Ⅱ。在我国，2006 年以后销售的汽车都要求支持 OBD-Ⅱ。

OBD 提供统一的 16 pin 外部接口，具备数据传输功能。车载智能终端从 OBD 接口可以读取到以下几类数据：仪表板数据、OBD-Ⅱ故障码数据、安全相关数据和 ECU 数据。由于车厂的保护，部分数据为私有协议数据，即不同车厂对其制定不同的协议标准。

仪表板数据包括里程、速度、转速、冷却液温度、剩余油量等，其中部分数据是私有协议数据。仪表板数据是汽车最基础的信息，易于用户理解。基于 OBD 的车载智能终端可以安全地读取仪表板数据。

OBD-Ⅱ故障码由不同数量的字符组成，包括数字和字母，其中一部分故障诊断代码是通用的，另一部分由汽车制造商特别制定。当汽车 ECU 监测到故障时，故障码被存储在 ECU 存储器中。车载智能终端通过 OBD 接口与 ECU 进行通信，获取 ECU 监测的故障码，从而进行解读。故障码的标准解释一般专业性很强，用户难以理解。基于 OBD 的车载智能终端可提供更为人性化的故障解读，例如说明故障出现的原因，以及提示用户应该如何处理等。通用的 OBD 故障码有 3000 条左右，终端需对其进行归类分级，只对等级高的故障进行警告提示，以减少用户在使用中频繁触发一般故障的困扰。

安全相关的数据包括 ABS(防抱死制动系统)和气囊信息等。车载智能终端一般不可读取此类数据,尤其在汽车行驶中,否则可能导致部分汽车仪表板故障灯误闪,甚至造成更为严重的后果。

ECU 数据指 ECU 通信的全部数据,也包括所有私有协议数据。在汽车行驶时,车载智能终端读取此类数据存在一定的风险。

5.3.2　基于 OBD 的车载智能终端的功能

随着技术的发展,车载智能终端的功能越来越多样化。目前市场上主流车载智能终端提供汽车实时状态监测、行车信息记录、远程控制、超出电子围栏告警、碰撞提醒等基础功能。

1. 实时状态监测

根据 OBD 接口提供的数据,车载智能终端能够实现车辆状态的实时监测。终端读取汽车故障信息后,对故障码进行分类分级告警提示,确保汽车处于安全状态行驶;终端还可以读取冷却液温度、电池电压、剩余油量、发动机转速等信息,当以上数据值超过限定阈值时,显示设备弹出告警提示。

2. 行车信息记录

车载智能终端能够实现全方位的行车信息记录。终端读取车速数据,并结合 RTC(实时时钟)模块,计算出汽车平均速度、瞬时速度、最高速度、油耗、行驶时间、行驶里程等行车数据;通过配置 G-sensor 加速度传感器和陀螺仪,终端可以分析计算急加速、急减速、急转弯等驾驶数据;通过使用 GPS 硬件模块,终端可以记录行驶轨迹。

3. 远程控制

通过硬件内置的 2G/3G/4G 移动通信模块,车载智能终端可以远程监控汽车门、窗、灯等状态。当需要远程对汽车进行操作时,例如热车、升窗、关灯等,用户可通过手机等显示设备给车载智能硬件发送指令,硬件通过 OBD 接口与 ECU 通信,完成指令操作。

4. 超出电子围栏告警

车载智能终端可以实现车辆防盗告警。通过硬件内置 GPS 和 2G/3G/4G 移动通信模块,终端可以实时定位车辆位置。当车辆位置超出自定义的电子围栏范围时,显示设备弹出告警提示。

5. 碰撞提醒

车载智能终端还可以识别碰撞并及时提醒用户。在车辆未启动的状态下,通过

G-sensor 加速度传感器和陀螺仪,终端可以识别车辆碰撞情况。当识别到车辆遭受碰撞时,终端通过 2G/3G/4G 移动通信模块将事件实时传输到用户使用的显示设备上。由于车辆处于开放环境,因此检测精度受到天气和周围环境的影响。当识别算法灵敏度过高时,可能产生误判;当识别算法灵敏度较低时,可能无法识别到真实的碰撞。

5.3.3 OBD 系统监测内容及诊断对象

1. OBD 系统监测内容

(1) 监测 HC 污染物来判断催化转化器的效率;

(2) 发动机运转时的失火监测;

(3) 氧传感器的劣化;

(4) 失效后将导致排气污染物超过限值的其他排放控制部件或系统,或与电控单元相连并与排放有关的动力系部件或系统;

(5) 除非另有监测,否则对其他任何与排放有关的,且与电控单元相连接的动力部件,包括任何能实现监测功能的相关的传感器,都必须监测其电路的连通状态;

(6) 对蒸发污染物电控脱附系统,必须至少监测其电路的连通状态。

柴油发动机中的监测涉及以下内容:

(1) 废气再循环监测;

(2) 燃烧失火监测;

(3) 喷射起始角调节;

(4) 增压压力调节;

(5) CAN 总线监测;

(6) 柴油直喷装置控制器监测;

(7) 所有接入计算机的与排放有关的传感器和执行机构监测。

汽油发动机中的监测涉及以下内容:

(1) 催化转化器功能监测;

(2) 氧传感器老化监测;

(3) 氧传感器电压检验;

(4) 二次空气系统监测;

(5) 燃油蒸发循环系统监测;

(6) 泄漏诊断检查;

(7) 燃油输送系统监测；

(8) 燃烧失火检测；

(9) CAN 总线监测；

(10) 所有接入计算机的与排放有关的传感器和执行机构监测。

2. OBD 系统的诊断对象

并不是所有发动机都采用相同的 OBD 诊断方法。OBD 系统根据发动机形式的不同，诊断对象也不同。

对发动机的诊断包括：燃烧过程（点燃式、压燃式、二冲程、四冲程）和发动机燃油供给方式（化油器或燃油喷射）。

对污染控制装置的诊断包括：催化转化器形式（即氧化型、三效型、加热催化、其他）、颗粒物捕集器形式、二次空气喷射（有或无）、排气再循环（有或无）。

5.3.4 基于 OBD 的车载智能终端的发展趋势

目前市场上，车载智能终端服务显示设备多为智能手机。手机的局限性在于，当用户在行驶中，需要将目光从道路聚焦到手机屏幕上，这种行为存在不小的安全隐患。所以作为服务显示设备，手机并不是最好的选择。理想的服务显示设备，应该实现显示屏幕与真实道路的无缝契合。乐观的是，相关技术正在蓬勃发展，例如基于红外相机的非接触手势控制，以及语音识别技术，可以实现无须低头查找按钮或者触摸屏幕。非接触手势控制技术和语音技术的应用，是未来车载智能终端的发展趋势。

其次，OBD 的商业模式 UBI(usage based insurance)是一种基于用量保险的新型商业模式。UBI 应用于车险领域，其理论基础是驾驶行为表现较安全的驾驶员应获得保费优惠。基于 OBD 的车载智能终端能够准确获取用户驾驶行为，帮助保险公司建立模型，筛选出优质用户，这些优质用户会获得较大的保费优惠。有研究表明，采用 UBI 的群体，碰撞事故下降 50%~75%。UBI 作为大数据时代的新型保险模式，在美国、英国、荷兰、德国和意大利都有广泛的相关保险产品。我国已有保险公司开始研究与尝试。

第三，在硬件集成方式上，随着基于 OBD 的车载智能终端的发展，对不同功能的需求越来越多。这其中，车辆定位、远程控制、车载热点、胎压监测等功能的实现都需要硬件的支持。硬件集成有两种方式：一种是基于一个硬件架构的集成方式，另一种是采用多个硬件互联的集成方式。前者将导致硬件体积越来越大，硬件结构设计复杂度增加，外观设计困难，不利于硬件插拔，硬件功能扩展受限。而多硬件互联的集成方式,可以采用星形拓扑网络连接,即多个硬件设备连接到一个中央设备。基于星形拓扑结构的硬件集成方式,极大地简化了硬件结构设计的复杂度,增强了硬件功能的延展性,是未来硬件集成方式发展的主流方向。

综上,未来随着汽车 OBD 功能的深入应用,大量拥有后台的运营商、软件开发商及汽车电子生产商都把眼光投向了 OBD 应用领域,想通过 OBD 得到里程、油耗、汽车故障等信息,并通过 OBD 开发出更强大的具有新功能的产品,利用新功能去提升增值服务,从而提高产品附加值,掌握终端用户群。从目前 OBD 的发展态势来看,很多公司利用 OBD 功能在车联网领域立项,这就意味着一个新行业的兴起,预计在不久的未来,OBD 将会作为车载产品内标准配置项,必将为我国的车联网落地做出贡献。结合新型 UBI 商业模式,OBD 的车载智能终端将实现用户、保险公司、服务提供商的三方共赢。

5.4　驾驶辅助系统

驾车安全问题是很多有车一族非常关心和在意的问题,但在国内汽车销售市场上,人们更多关注的是汽车价格与乘坐的舒适性、娱乐性等方面的问题,而汽车安全问题一直不是那么迫切地被消费者提高到主要意识层面上来,多数人认为:我的汽车只要拥有足够多的气囊,足够厚和硬的钢板作为保护就可以了。于是,安全的概念在人们意识中变得狭隘。但是,可喜的是,汽车制造商与他们的系统研发公司一直都在致力于汽车安全体系和驾驶辅助系统的开发与研究工作,并将其应用于现今流行的车联网系统之中。

驾驶辅助系统由车道保持辅助系统、自动泊车辅助系统、制动辅助系统、倒车辅助系统和行车辅助系统几个系统组成。

1. 车道保持辅助系统

车道保持辅助系统对行驶时保持车道提供支持,借助一个摄像头识别行驶车道的标记线。如果车辆接近识别到的标记线并可能脱离行驶车道,那么会通过转向盘的振动提请驾驶员注意。如果车道保持辅助系统识别到本车道两侧的标记线,那么系统处于待命状态。这通过组合仪表板中的绿色指示灯显示。当系统处于待命状态下,如果在跃过标记线前打了转向灯,那么就不会有警告,因为系统接受有目的的换道。由于该系统是为在高速公路和条件良好的乡间公路上行驶而设计的,因此它在车速高于 65 km/h 时才开始工作。

2. 自动泊车辅助系统

自动泊车辅助系统是在众多的汽车配套产品中,与倒车安全有关的配套产品。据统计,由车后盲区所造成的交通事故在我国约占 30%,在美国约占 20%,交管部门建议车主安装多曲率大视野后视镜来减少车后盲区,提高车辆的安全性能,但依旧无法有效降低并控制事故的发生。汽车尾部盲区所潜在的危险,往往会给人们带来身体、财产上的重大损失及精神上的严重伤害。对于新手驾驶员而言,每次倒车泊车时更是可以用瞻前顾后、胆战心惊来形容。现有的汽车倒车辅助产品如果从自动化程度来分大致可分为两类:一类是手动类(以传统倒车系统为代表),另一类是自动类(以智能倒车系统为代表)。传统倒车系统主要以倒车雷达和倒车可视为代表,通过发出警示声音或可视后部状况提醒车主车后情况,使其主动闪避,以减少事故伤害。该产品对于驾驶员而言,主动性较差,虽然能在很大程度上避免车辆对行人的伤害,却无法顺利有效地完成泊车,极易造成刮蹭或碰撞。

3. 制动辅助系统

辅助制动:传感器通过分辨驾驶员踩踏板的情况,识别并判断是否引入紧急制动程序。该系统能立刻建立起最大的制动压力,以达到可能的最理想的制动效果。制动辅助系统可分为:EBA(电子控制制动辅助系统)、EHB(电子液压制动系统)、ABS(防抱死制动系统)、EBD(电子制动力分配系统)、ASR(驱动防滑控制系统)、EDS(电子差速锁系统)等。

4. 倒车辅助系统

倒车辅助系统以图像、声音的直观形式告知驾驶员车与障碍物的相对位置,解除因后视镜存在盲区带来的困扰,从而为驾驶员倒车泊车提供方便,消除安全隐患。按所使用的传感器不同,倒车辅助系统分类如下。

1) 红外线式

20 世纪 80 年代出现的以红外线的发送接收原理制成的倒车辅助系统,其最大的缺点是红外线易受干扰,另外对深黑色粗糙表面物体的反应不灵敏。更糟糕的是,只要红外线发射器或接收器表面被一层薄薄的冰雪或泥尘覆盖,系统就会失效。

2) 电磁感应式

紧随红外线式倒车辅助系统之后出现了以电磁感应原理制成的倒车辅助系统,其检测稳定性和灵敏度比红外线式提高许多,但也有着致命性缺点——它只能动态检测障碍物。也就是说,车辆停止时,就不能检测到任何东西。因此它的实用性也不如意。

3) 超声波式

20 世纪 90 年代,倒车辅助系统终于迎来技术上的突破,采纳了超声波作为检测媒介。它的各项性能指标与经济性都相当好,以至于当今的产品都是基于此项技术开发而来。

4) 超声波与机器视觉配合式

最新的倒车辅助系统以超声波和机器视觉作为检测手段,全智能倒车。例如,雷克萨斯 LS460L 是首款进入国内拥有智能倒车辅助系统的车型。它使用超声波传感器检测障碍物,并能结合摄像头自动识别停车线,当汽车自动检测好停车位置和距离时,只要驾驶员按下确认键,该系统就会自动倒车并泊车。故称为自动倒车辅助系统。

5. 行车辅助系统

行车辅助系统具有以下功能。

(1) 超强防抖摄像,影像更清晰,为满足本机移动工况的要求,机内所有硬件与接插件均采用防振和加固处理。专业抗振结构设计,对机器提供超强的缓冲和抗振性保护,结合电子抗振及软件抗振技术,有效解决车辆的冲击和振动问题。

(2) 视频采用修正式 MJPEG+压缩格式,高清晰,支持 30FPS(FPS 指画面每秒传输帧数)录影速度。视频文件可以通过连接 DVD、导航仪,在独立显示器实时显示。

(3) 支持四路同步录像、录音、存储、放映与实时显示功能。

(4) 车辆行驶过程中,操控方便,可以根据行驶状态,自动切换所需要的画面(如车右转时,LCD(液晶显示屏)只显示右侧摄像头录取的画面),也可以强制切换画面。

(5) 采用电池供电或车载供电,采用先进处理技术实现了低功耗。

(6) 可按照日期、时间快速查找、搜索播放功能。

(7) 利用本机 USB 接口备份,通过计算机 USB 接口进行播放、备份或取证。

(8) 安装方便,超小型化设计,只有一个香烟盒大小,最适合轿车使用。

(9) 快速的录像资料备份,支持常规 SD 卡。

第6章 基于车联网的城市车辆管理系统设计

JIYU CHELIANWANG DE CHENGSHI CHELIANG GUANLI XITONG SHEJI

车辆管理是对所涉及的人、财、物等资源的管理和调配。交通运输业的飞速发展为人们的生活带来了极大的便利,与此同时,各种交通运输工具特别是汽车数量的剧增也给社会各方面带来了日趋严重的巨大压力。对于各事业或企业单位内部的车辆管理,传统手工操作手段由于工作量大、强度高,而导致的效率低下、出错率高已逐渐不能满足目前车辆管理的需求。

依据需求特点,本设计围绕提高车辆使用率和管理效率,结合车辆自身的特点,完成对通行车辆调度的管理,对车辆使用情况、车辆信息和相关人员的个人信息、使用记录、事故等信息统一管理,进一步提高车辆管理效率、使用率和安全保障,做到车辆状态有案可查、有据可依,实现车辆的科学化、自动化管理。

6.1 需求分析及系统功能

1. 需求分析

(1) 建立车辆信息库,实施科学的车辆分类管理。在动态、竞争、合作的市场环境中,提高管理效率,降低管理成本。

(2) 具有友好的界面和简便的操作,提高使用者的服务质量。

(3) 数据信息共享,各个部门协同工作。

(4) 建立健全的运营监控机制,上级部门可及时了解系统运营过程中各个环节的状态,可及时调整、协调。

2. 系统功能

车辆管理需包含车辆调度和车辆相关信息管理两大模块。其中,车辆调度模块主要涉及用户与管理员的交互过程,主要实现用户的在线预约和管理员审批;车辆相关信息则利用车联网技术实现记录与管理。

1) 车辆调度

(1) 车辆动态查询。通过网络动态实时地查询到车辆的使用状态,管理员可以及时掌握车辆总体情况,用户以此预订车辆。车辆的动态查询是为了与网上预订保持一致,数据库在刷新页面时会更新。

(2) 网上预订。用户通过网络选定车辆,登记用车目的、用车时间、目的地等用车申请相关信息。用户可以在线查看并选择合适的车辆和司机,选择之后填写车辆预约表进行申请,预约表主要包含所申请使用的车辆、驾驶员、人数、事由、预计时间等信息,填写完毕后进行提交,由管理员进行审核。

(3) 在线审批。车辆管理员在线审批用车申请信息。当用户提交预约申请表后,管理员可以在自己的页面进行查看,如果用户所填写内容符合实际情况,管理员进行批准操作,用户预约成功;如果所填情况不实,管理员进行退回操作,用户重新预约。

(4) 派遣车辆。应用系统打印车辆调度单,派遣车辆完成出车任务。车辆预约成功后,在网页上可以打印车辆调度单,管理员凭此调度单来派遣车辆,以完成出车任务。

(5) 回车登记。根据回车报告录入本次出车费用、里程等相关信息。回车报告单上包括由司机所填的车辆的费用信息、行车距离等信息。车辆返回以后,司机需将回车报告单交给管理员,管理员将出车费用、里程等相关信息录入系统,以方便日后查看。

2) 车辆信息管理

(1) 车辆定位。系统可实现所有的车辆在同一幅地图上同时显示,根据车辆的位置和数量,系统自动将地图调整到最合适的比例,所有车辆的实时位置和状态一目了然。车辆快速闪动表示车辆正在运行,车辆慢闪表示车辆停止。

(2) 单车定位放大。监控单台车时,系统以连续的蓝色线条在地图上描述需监控车辆的运行路线,车辆的实时状态和车辆的实时位置每分钟自动刷新一次,确保随时向系统上传最新数据。若电子地图上标注地点不详细,可转换至以下卫星地图。

① 车辆卫星地图。通过卫星地图,可查看到车辆周边的道路和建筑物的清晰实体图景。

② 精准的电子地图。使用最新的、正版的、不断更新的 MapABC 地图显示车辆的位置和轨迹,车辆周边的停车场、加油站、工厂、各种级别的公路等在电子地图上都有清晰明了的位置标注。

(3) 车辆行车轨迹。可查询任意时段的车辆行车轨迹,地图自动以连续的蓝色线条描述需监控车辆的运行路线,直观、明了,并可导出至 Excel 报表。

系统还可以自动以动态形式回放车辆运行轨迹,用户可清晰、细致地了解车辆的历史运行状态。

(4) 行车里程及油耗。系统可根据设定的时段输出该车的开车时间、停车时间、行车里程,以及该里程所对应的油耗情况。

(5) 车辆停车地点分析。系统可根据设定时段输出该车在何时、何地停车,停车多长时间。同时,可得出该段时间内该车的行驶里程、行驶油耗、行驶时间等,并可将这些内容以 Excel 格式保存。

(6) 车辆行驶报表。在报表分析功能中,可根据行车过程中的系统记录的信息生成停车报表、行车报表、超速报表、里程报表等十几种实用的报表,并可将报表内容以 Execl 格式保存。

(7) 手机查车。用户可通过手机登录系统平台,查看车辆的实时情况,可直接在手机中查看地图,并使用相关车辆的控制功能,既简便,又实用。

(8) 围栏报警。自由设置围栏,进出围栏报警,围栏内开门、关门报警,围栏内限速报警,监控车辆的合理使用范围及安全。

(9) 信息点标注。当用户使用车辆进行运输工作时,可在地图上标注企业的网点,以及送货到达目的地、收费站、加油站等,操作方便。标注点将在"车辆跟踪"和"行车轨迹回放"中显示出来。通过更多网点的标注,用户可以确定最有效的运输路径,并可清楚地知道车辆是否按规定运行。

(10) 短信报警。可设定车辆紧急情况联系人,当车辆遇到紧急情况时,系统可自动将报警信息发送到联系人的手机上。

(11) 扩展功能。油量监控功能、温度监控功能等。

6.2 硬件设计

1. 硬件架构

硬件平台是支撑系统运行的核心基础设施,车辆管理系统的硬件设施也同样如此。环境数据的获取、数据的上传接收等,都需要稳定的硬件提供支持。如果硬件设备不够稳定,将会造成数据采集有误、数据上传缓慢、设备灵敏度下降、设备功能紊乱等影响。这些影响将会造成车辆管理系统服务质量变差。因此车辆管理系统硬件平台的设计变得尤为重要,既要保证设备的长期稳定,又要保证价格合理、减少成本,同时还能支持未来一段时间的系统拓展。

2. 设计原则

由于车辆管理系统的复杂性和特殊性,对于其硬件平台设计,需要采用如下的原则:统一规划、高可用性、高扩展性、高安全性、高可维护性和合适性价比。

(1) 统一规划。明确系统在规划期内的规模,对整个系统的模块、用户、流程进行分析,确定总体需求,从而定义出其硬件平台对应的架构和配置。

(2) 高可用性。要求硬件平台具有单点失效保护功能,能够实现故障预警、报警,具有良好的故障应急处理能力。如在出现有限个数的传感器、无线节点故障等情况下,系统可以继续运行,不影响业务处理。

(3) 高扩展性。由于车辆管理系统是一个长期持续运行的系统,日后随着用户对于环境服务的要求提高,相应环境系统所要使用的传感器节点产生的数据量会超出预期,因此网关要求可以在原有架构的基础上实现灵活扩展。硬件网关的扩展性主要分成两类:纵向扩展和横向扩展。纵向扩展是指通过增加硬件设备的CPU、内存、通道和板卡等资源来提高原有设备的处理能力;横向扩展是指通过购买新的设备和原有设备并行工作,通过负载分担来实现处理能力扩展。

(4) 高安全性。能够实现良好的信息安全能力,能够应用灵活的安全策略,如对不同用途的数据进行安全分区以实现不同程度的隔离等。

(5) 高可维护性。维护便捷简单,尽量减少宕机时间,特别是减少进行故障修复、系统扩展和变更时的宕机时间,能够提供友好、全面的监控工具。

(6) 合适性价比。在满足需求并符合上述原则的前提下,良好的性价比是关键。各家硬件各有所长,关键是需要关注满足应用系统需求的技术,而不是一味追求先进技术,只要能解决主要问题、满足需求和原则、有合适的价格,就可以着重考虑。

6.3 软件架构

1. 监控车载终端

监控车载终端的作用是根据要求实时采集车辆行驶信息,并将数据发送到服务器,实现车辆数据的及时存储与动态状况实时查看;接收网络的信号,对车辆进行熄火控制。

终端使用通信服务程序(网关),通信服务程序是针对车载终端上传的GPS数据进行数据解析和校验的程序,数据无效,即车机没定位或数据格式错误都将不会被转入下一环节,并且在本程序中会有所提示。本程序采用TCP/IP接收数据,以确保任何数据都不被遗漏,从而从一定程度上增加了数据的完整和传输的可靠。

2. 网络服务器

网络服务器是整个系统的中枢,它主要起着接收车载终端信息数据,处理监控中心用户请求的作用。网络服务器使用GPS数据服务程序,GPS数据服务程序是将已经完成解析、校验并分发给GPS监控客户端后的最终数据入库以备历史查询之用的程序。其采用的是TCP/IP的方式接收数据,保证了数据处理的快速、高效,并且最大限度地节省了对服务器的资源开销。

3. 监控中心

系统的监控中心是值班人员所直接接触的部分,是系统功能的集中体现,是监控客户端。监控中心实现方式多样,目前采取 PC 机监控方式,不需配置其他设备,仅需一台可上网的计算机即可。将来可根据具体情况,选择使用投影仪或建设电视墙。

4. 车队和用户

平台可提供车队和用户多级控制,车队可以授权不同的用户查看不同的车辆,用户可以查看自己的车辆。

6.4 技术方案

基于框架的选择后,我们选择 Java 语言的模式开发,服务器我们选择 Tomcat,前台开发语言选择 JSP,后台开发语言使用 Java,MyEclipse 作为 IDE(集成开发环境)来实现代码的开发,而在数据库方面我们选择 MySQL 等。

1. JSP

JSP 将网页逻辑与网页设计和显示分离,支持可重用的基于组件的设计,使基于 Web 的应用程序的开发变得迅速和容易。Web 服务器在遇到访问 JSP 网页的请求时,首先执行其中的程序段,然后将执行结果连同 JSP 文件中的 HTML 代码一起返回给客户。插入的 Java 程序段可以操作数据库、重新定向网页等,以实现建立动态网页所需要的功能。

利用 JSP 技术,动态信息由 JSP 页面来表现,JSP 页面由安装在 Web 服务器或者使用 JSP 的应用服务器上的 JSP 引擎执行。JSP 引擎接受客户端对 JSP 页面的请求,并且生成 JSP 页面作为对客户端的响应。

2. Tomcat 服务器

Tomcat 是来自 Java 领域的 Web 服务器,通常用于运行基于 Java 的 JSP 和 Servlet 网页开发技术。良好的扩展性和使用资源少是 Tomcat 的主要优势,与我们经常使用的 Apache 相比,Tomcat 是在 Apache 基础上的扩充,用于发布基于 Java 的各种程序。最新的 Servlet 和 JSP 规范都可以在 Tomcat 中使用,因此我们首选 Tomcat 服务器来完成开发和测试。

3. Navicat for MySQL

Navicat for MySQL 是一款强大的 MySQL 数据库管理和开发工具,它为专业开发者提供了一套强大的足够尖端的工具,但对于新用户仍然易于学习。Navicat for MySQL 基于 Windows 平台,为 MySQL 量身定做,提供类似于 MySQL 的用户管理界面工具。此解决方案的出现,将解放 PHP(页面超文本预处理器)、J2EE 等程序员及数据库设计者、管理者的大脑,降低开发成本,为用户带来更高的开发效率。

Navicat for MySQL 使用了极好的图形用户界面(GUI),可以用一种安全和更为容易的方式快速地创建、组织、存取和共享信息。用户可完全控制 MySQL 数据库和显示不同的管理资料,包括一个多功能的图形化管理用户和访问权限的管理工具,方便将数据从一个数据库转移到另一个数据库中(local to remote、remote to remote、remote to local),进行档案备份。Navicat for MySQL 支援 Unicode,以及本地或远程 MySQL 服务器多连线,用户可浏览、建立和删除数据库,编辑数据,建立或执行 SQL queries,管理用户权限(安全设定),将数据库备份/复原,汇入/汇出数据(支持 CSV、TXT、DBF 和 XML 档案种类)等。

4. B/S 结构

B/S(browser/server)是基于浏览器的服务结构,是在传统客户机/服务器结构上的改进,通过对互联网浏览器的扩展,使浏览器代替了客户机,形成了浏览器和服务器结构。B/S 结构将逻辑层和界面层分开,使得客户端可能更简单地实现访问,同时可以使互联网上的用户参与访问,降低了客户端的负载和提高了可扩展性,同时也降低了用户的成本。B/S 结构已经成为当下流行的开发结构,本系统设计为使用三层分布式架构(B/S)。与 C/S 结构相比,B/S 结构具有以下优势。

(1) 维护处理简单。B/S 结构只需要在互联网上就能使用,Web 服务器端与客户端分离,客户端很少负责逻辑业务;而 C/S 结构则牵一发而动全身,维护处理起来与 B/S 结构相比不方便。

(2) 使用简单。B/S 结构的软件是分布式的,客户端只需要通过浏览器就可达到访问的目的,使用起来极其方便。而 C/S 结构的软件的用户必须通过安装客户端的方式才能得以访问系统。

然而,B/S 结构也有缺点,如其服务器端负载较重。B/S 结构的软件的主要逻辑层都在服务器端,因此当面临海量信息的时候,服务器端负载就会越来越大,这也就给软件本身带来了极大的风险,极容易发生故障。

5. ZigBee 技术

ZigBee 是基于 MAC802.15.4 标准的低功耗局域网协议。根据国际标准规定,ZigBee 技术是一种短距离、低功耗的无线通信技术。这一名称(蜂舞协议)来源于蜜蜂的八字舞,由于蜜蜂(bee)是靠飞翔和"嗡嗡"(zig)地抖动翅膀的"舞蹈"来与同伴传递花粉所在方位信息,也就是说蜜蜂依靠这样的方式构成了群体中的通信网络。其特点是近距离、低复杂度、自组织、低功耗、低数据速率。主要适合用于自动控制和远程控制领域,可以嵌入各种设备。简而言之,ZigBee就是一种便宜的、低功耗的、近距离无线组网通信技术。ZigBee协议从下到上分别为物理层(PHY)、媒体访问控制层(MAC)、传输层(TL)、网络层(NWK)、应用层(APL)等。其中物理层和媒体访问控制层遵循MAC 802.15.4标准的规定。

6. 嵌入式系统技术

嵌入式系统是一种专用的计算机系统,作为装置或设备的一部分。通常,嵌入式系统是一个控制程序存储在ROM中的嵌入式处理器控制板。事实上,所有带有数字接口的设备,如手表、微波炉、录像机、汽车等,都使用嵌入式系统,有些嵌入式系统还包含操作系统,但大多数嵌入式系统都是由单个程序实现整个控制逻辑。

从应用对象上加以定义,嵌入式系统是软件和硬件的综合体,还可以涵盖机械等附属装置。国内普遍认同的嵌入式系统定义为:以应用为中心,以计算机技术为基础,软硬件可裁剪,适应应用系统对功能、可靠性、成本、体积、功耗等严格要求的专用计算机系统。

嵌入式系统是指执行专用功能并被内部计算机控制的设备或者系统。嵌入式系统不能使用通用型计算机,而且运行的是固化的软件,用术语表示就是固件(firmware),终端用户很难或者不可能改变固件。

尽管绝大多数嵌入式系统是用户针对特定任务而定制的,但它们一般都是由下面几个模块组成的:一台计算机或者微控制器,字长可能是8位、16位、32位甚至是64位;用以保存固件的ROM(非挥发性只读存储器);用以保存程序数据的RAM(挥发性的随机存储器);连接微控制器和开关、按钮、传感器、模数转化器、控制器、LED和显示器的I/O端口。一个轻量级的嵌入式操作系统,一般是自行编写的。专门的单片微控制器是大多数嵌入式系统的核心。通过把若干个关键的系统组成部分集成到单个芯片上,系统设计者就可以得到小而便宜、可以操作较少外围电子设备的计算机。

7. Android 技术

Android(一般称为安卓)是一种基于Linux的自由及开放源代码的操作系统,主要应用于移动设备,如智能手机和平板电脑,由Google公司和开放手机联盟领导及开发。

Android 操作系统最初由 Andy Rubin 开发,主要支持手机。2005 年 8 月由 Google 收购注资。2007 年 11 月,Google 与 84 家硬件制造商、软件开发商及电信营运商组建开放手机联盟,共同研发改良 Android 系统。随后 Google 以 Apache 开源许可证的授权方式,发布了 Android 的源代码。

第一部 Android 智能手机发布于 2008 年 10 月。Android 逐渐扩展到平板电脑及其他领域上,如电视、数码相机、游戏机等。2011 年第一季度,Android 在全球的市场份额首次超过塞班系统,跃居全球第一。2013 年的第四季度,Android 平台手机的全球市场份额已经达到 78.1%。2013 年 9 月 24 日,Google 开发的操作系统 Android 迎来了 5 岁生日,全世界采用这款系统的设备数量已经达到 10 亿台。

Android 的默认用户界面主要基于直接操作,透过触控松散地对应现实动作以做出输入,例如滑动、点击、捏动和反向挤压,随着虚拟键盘,以操控屏幕上的对象。游戏控制器及物理键盘都能透过蓝牙或 USB 得到支持。

8. HTML5 技术

万维网的核心语言、标准通用标记语言下的一个应用超文本标记语言(HTML)的第五次重大修改——HTML5,是构建 Web 内容的一种语言描述方式,被认为是互联网的核心技术之一。

参 考 文 献

[1] 何蔚.面向物联网时代的车联网研究与实践[M].北京:科学出版社,2013.
[2] 陈明.物联网概论[M].北京:中国铁道出版社,2015.
[3] 邹力.物联网与智能交通[M].北京:电子工业出版社,2012.
[4] 刘军.一本书搞懂汽车互联网+[M].北京:化学工业出版社,2017.
[5] 高建良,贺建飚.物联网RFID原理与技术[M].北京:电子工业出版社,2013.
[6] 银石立方科技(北京)有限公司.车联网技术与应用[M].北京:人民交通出版社股份有限公司,2017.
[7] 李兆荣.跨界生长·车联网在进化[M].北京:电子工业出版社,2016.
[8] 车云网.车联网:决战第四屏[M].北京:电子工业出版社,2014.
[9] 唐伦.车联网技术及应用[M].北京:科学出版社,2013.
[10] 徐晓齐.车联网[M].北京:化学工业出版社,2015.
[11] 田大新,王云鹏,鹿应荣.车联网系统[M].北京:机械工业出版社,2015.